O MELHOR DE
Gonzaguinha

Melodias e letras cifradas para guitarra, violão e teclados
Coordenação de Luciano Alves

Nº Cat.: 258-A

Irmãos Vitale Editores Ltda.
vitale.com.br
Rua Raposo Tavares, 85 São Paulo SP
CEP: 04704-110 editora@vitale.com.br Tel.: 11 5081-9499

© Copyright 1998 by Irmãos Vitale Editores Ltda. - São Paulo - Rio de Janeiro - Brasil.
Todos os direitos autorais reservados para todos os países. *All rights reserved*.

Dados Internacionais de Catalogação na Publicação (CIP)
(Câmara Brasileira do Livro, SP, Brasil)

Gonzaguinha
　　O Melhor de Gonzaguinha : melodias e letras cifradas para guitarra, violão e teclados / coordenação de Luciano Alves. – São Paulo : Irmãos Vitale, 1998.

ISBN 85-7407-033-5
ISBN 978-85-7407-033-9

　　　　1. Guitarra – Música　　2. Teclado – Música
　　　　3. Violão – Música　　I. Alves, Luciano.　　II. Título.

98-3203　　　　　　　　　　　　　　　　　　　CDD-787.87.786

Índices para catálogo sistemático:

1. Guitarra: Melodias e cifras : Música　　787.87
2. Teclado: Melodias e cifras : Música　　786
3. Violão: Melodias e cifras : Música　　787.87

Créditos

Produção geral e editoração de partituras
Luciano Alves

Assistentes de editoração musical
Tony Mendes

Transcrições das músicas
Nelson Faria

Revisão musical
Claudio Hodnik e Nelson Faria

Capa
Criativa

Ilustração
Claudio Duarte

Gerência artística
Luis Paulo Assunção

Produção executiva
Fernando Vitale

Índice

Prefácio   5

Introdução   7

Lindo lago do amor   9

Grito de alerta   12

Um homem também chora (Guerreiro menino)   15

Não dá mais pra segurar (Explode coração)   18

O que é o que é   22

Recado   27

Com a perna no mundo   30

O preto que satizfaz   35

Diga lá coração   38

Comportamento geral   42

Sangrando   45

Caminhos do coração   48

Espere por mim   52

Começaria tudo outra vez   55

Ponto de interrogação   58

Eu apenas queria que você soubesse   62

E vamos à luta   66

Artistas da vida   70

A vida do viajante   74

Deixa Dilson e vamos Nelson   76

Prefácio

Muito presente, como sempre

Há algo no destino póstumo de Gonzaguinha que me lembra Nelson Rodrigues. É que, exatamente como ocorreu com o genial autor de *Vestido de Noiva*, os idiotas da objetividade precisaram defrontar-se com o mistério da morte para reconhecer a verdadeira dimensão de uma obra que parece progressivamente sintonizada com as diversas situações que cada um de nós enfrenta no dia-a-dia.

Essas referências são obrigatórias porque não se pode compreender as músicas de Gonzaguinha, desde o início vigoroso na época dos festivais até à candência das canções românticas, sem perceber nelas a mixagem equilibrada entre a herança de Luiz Gonzaga e a manemolência do sobe-e-desce do morro de São Carlos.

Mas, independentemente desse traço marcante de estilo, a questão básica que se impõe, no momento em que a Editora Vitale decide cristalizar essa obra em forma de *songbook*, é seu caráter de permanência – e uma força que supera muito os talentos datados e o *pret-a-porter* das produções de ocasião. Talvez isso se deva à coerência estética e ideológica que marcou suas mais de duas décadas de carreira. Aliás, uma carreira tragicamente interrompida por um acidente automobilístico numa estrada do Paraná (mesmo com motorista à disposição, quando as distâncias eram razoáveis, Gonzaguinha gostava de ir dirigindo, ele mesmo, o carro entre duas cidades de uma mesma turnê; alguns músicos, como o guitarrista Fredera, ex-Som Imaginário, apavoravam-se com a hipótese de pegar carona com ele, que cruzava com o pé embaixo essas distâncias).

Filho do rei do baião, criado no Estácio, Gonzaguinha de fato era muito mais equilibrado como compositor que ao volante. Sempre soube dosar com acuidade a medida entre as razões políticas que o impeliam e o lado sentimental, derramado, que encontrou em Maria Bethania e Simone as intérpretes adequadas. A soma desses traços, o político e o emocional de braços dados, ajuda a compreender sua permanência, que gerou um comentário da cantora Alcione, em papo fortuito na Barra da Tijuca: - A sensação que eu tenho é que algumas de suas músicas foram feitas ontem, tão novas me parecem. Penso, às vezes, que a qualquer instante Gonzaguinha vai tocar a campainha e entrar pela porta, como nos velhos tempos, e sempre com uma novidade.

A julgar pela lista das mais executadas no rádio, neste inverno de 98 – é novidade mesmo. Várias das vinte músicas selecionadas por Luciano Alves são cativas da grade de programação. Tocam sempre. Com intérpretes variados e com o próprio Gonzaguinha. Infelizmente, Gonzaguinha se foi muito cedo – mas os versos que escreveu, as notas que soube combinar, recusam-se terminantemente a sair de cena. E, com este *O melhor de Gonzaguinha*, estão agora ao alcance de estudiosos de todos os níveis – que poderão emocionar-se com *Lindo lago do amor*, *Grito de alerta*, *Explode coração*, *O que é o que é*, *Com a perna no mundo*, *Sangrando*, *Começaria tudo outra vez* e inúmeros outros sucessos que moram no assobio do homem da rua.

Com esse *songbook*, esse repertório torna-se acessível ao segmento muito especial dos que se dedicam ao estudo da música. E se soubesse que quem cuidou das transcrições de seus sucessos para a pauta foram Luciano Alves e Nelson Faria, dois generosos artistas que mostram tanto prazer em dividir o que sabem, Gonzaguinha na certa estaria exibindo agora aquele sorriso irônico, no canto dos lábios, que era a sua marca registrada.

Roberto Moura

Jornalista, mestre em Comunicação e
Cultura pela ECO/UFRJ, autor
de Carnaval - Da Redentora à Praça do Apocalipse;
Tesoro artistico y divisa *e co-autor de* Brasil Musical

Introdução

Esta publicação apresenta vinte sucessos de Gonzaguinha, transcritos para a pauta musical, na forma em que tornaram-se conhecidos na interpretação do cantor/compositor, levando-se em consideração que a obra de Gonzaguinha é, ainda hoje, uma das mais gravadas por diversos intérpretes da Música Popular Brasileira.

Além das melodias cifradas, com as letras alinhadas embaixo, incluí, também, as letras cifradas com acordes para violão, o que torna a publicação mais abrangente, tanto quanto facilita consideravelmente a compreensão e a tarefa de "tirar" a música.

O registro das letras, melodias e cifras reflete com máxima precisão as gravações originais dos CDs. Em algumas músicas, porém, como "Sangrando", "Grito de alerta", "Não dá mais pra segurar", "Diga lá coração" e "Ponto de interrogação", entre outras, a divisão rítmica da melodia foi escrita de forma simplificada, a fim de tornar a leitura mais acessível.

Para a notação musical, adotei os seguintes critérios:

A cifragem é descritiva, ou seja, exibe a raiz do acorde e suas dissonâncias.

Quando há um ritornelo e a melodia da volta é diferente da primeira vez, as figuras aparecem ligeiramente menores e com hastes para baixo. Neste caso, a segunda letra é alinhada com as notas para baixo, como demonstra o exemplo a seguir:

```
          Bm7                F#m7           Em7           A7

bem que viu__ O bem-te__ vi___     A sa-bi-á,    sa-bi-a já__
ven-to diz,__ e-le_é fe__ liz___   A á - guia quis__   sa-ber__
```

Se um instrumento solista avança por um compasso onde há voz, as melodias são escritas com hastes opostas, sem redução de tamanho.

As convenções de base mais marcantes estão anotadas na partitura, logo acima das cifras, com "x" e losango, correspondendo às figuras pretas e brancas, respectivamente.

Nas letras cifradas, as cifras dos acordes estão aplicadas nos locais exatos onde devem ser percutidas ou cambiadas, como mostra o próximo exemplo. Esta forma é mais conveniente para aqueles que já conhecem a melodia ou para os que não lêem notas na pauta.

```
     AbM7    Bb7(4 9)  EbM7(9)
Se me der um bei___jo eu gosto

         Abm7       Db7(9)
Se me der um ta__pa eu brigo

         Gm7        Cm7
Se me der um gri__to não calo

         Bb7(4 9)
Se mandar calar,   mais eu falo
```

Nos diagramas de acordes para violão, a ligadura corresponde à pestana; o "x", acima de uma corda, indica que a mesma não pode ser tocada; e o pequeno círculo refere-se à corda solta. Alguns diagramas possuem ligadura e "x". Neste caso, toca-se com pestana mas omite-se a corda com "x". As cordas a serem percutidas recebem bola preta ou pequeno círculo.

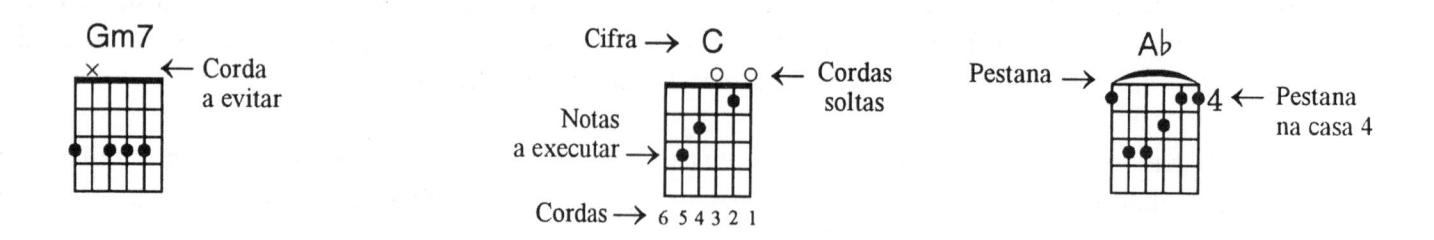

Optei, genericamente, pela utilização de posições de violão consideradas de fácil execução. No entanto, determinadas músicas que possuem baixos caminhantes ou sequências harmônicas de características marcantes exigem acordes um pouco mais complexos, o que estabelece, em contrapartida, maior fidelidade ao arranjo original da música.

Algumas músicas de subdivisão ternária são escritas em binária, na forma de *bebop*. Esta convenção indica que embora a melodia esteja escrita em pares de colcheias, deve-se manter a pulsação de tercinas.

Em alguns casos, músicas gravadas originalmente em tonalidades de difíceis leitura e execução para o músico iniciante, tais como D♭ e F♯, foram transpostas um semitom abaixo ou acima, para facilitar.

Luciano Alves

Lindo lago do amor

GONZAGA JÚNIOR

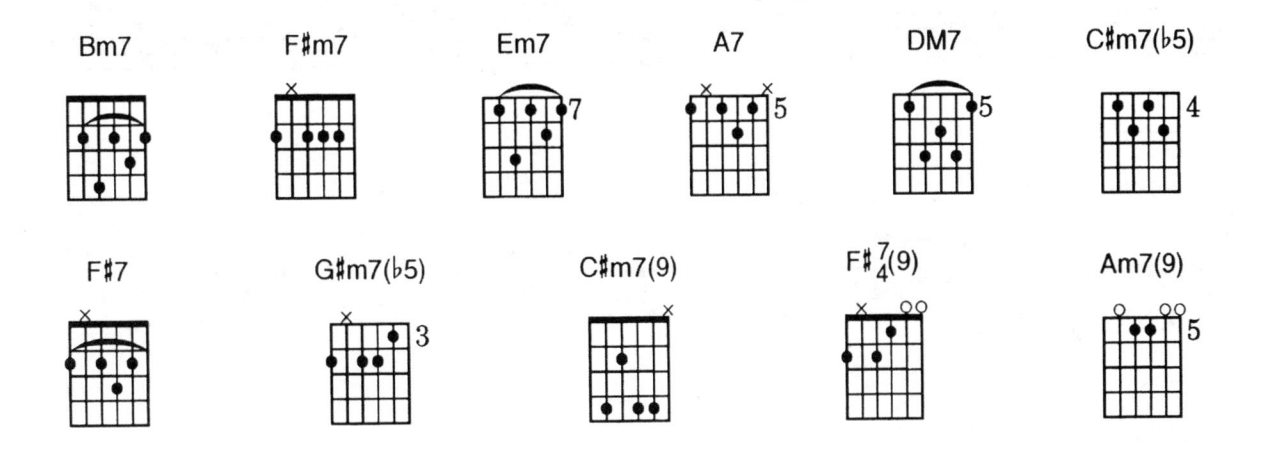

Bm7   F#m7   Em7   A7   DM7   C#m7(b5)

F#7   G#m7(b5)   C#m7(9)   F#7/4(9)   Am7(9)

Introdução (duas vezes): **Bm7 F#m7 Em7 A7**
DM7 C#m7(b5) F#7 Bm7 G#m7(b5) C#m7(9)

Bm7
E bem que viu
      F#m7
O bem-te-vi
    Em7 A7   DM7
A sabiá, sabia já
  C#m7(b5) F#7 Bm7
A lua   só olhou pro sol
   G#m7(b5)   C#m7(9)
A chuva abençoou
  Bm7   **F#m7**
O vento diz, ele é fe__liz
  Em7   **A7**   **DM7**
A águia quis   saber
  C#m7(b5) F#7   Bm7
Porque,   porque, porquá será?
  G#m7(b5)   C#m7(9)
O sapo   entregou

BIS {
   Bm7   **F#m7**
Ele tomou um banho d'á__gua fresca
  Em7 A7   DM7   F#7(4 9)
No lindo la__go do amor
  Bm7   **F#m7**
Maravilhosamente clara a água
  Em7 F#m7   **C#m7(9) Am7(9)**
No lindo lago do amor
}

Solo de harmônica (duas vezes): **Bm7 F#m7 Em7**
A7 DM7 C#m7(b5) F#7 Bm7 G#m7(b5) C#m7(9)

E bem que viu *(etc.)*

Lindo lago do amor

GONZAGA JÚNIOR

♩ = 125

Piano elétrico

Intro — Bateria

| Bm7 | F#m7 | Em7 | A7 | DM7 | C#m7(b5) | F#7 | Bm7 |
| G#m7(b5) | C#m7(9) | Bm7 | F#m7 | Em7 | A7 | DM7 | C#m7(b5) F#7 | Bm7 | G#m7(b5) | C#m7(9) |

Voz

A

Bm7 — F#m7 — Em7 — A7
bem que viu___ O bem-te___-vi___ A sa-bi-á, sabia já___
vento diz,___ e-le é fe___-liz___ A á-guia quis___ saber___

DM7 — C#m7(b5) F#7 — Bm7 — G#m7(b5) — C#m7(9)
___ A lu-a só o-lhou pro sol___ A chu-va a-ben-ço-ou___ O
___ Por que, por que, por quá se-rá___ O sa-po en-tre-gou___ E-

©Copyright by EDIÇÕES MUSICAIS MOLEQUE LTDA.
Todos os direitos autorais reservados para todos os países. All rights reserved.

-le to-mou um ba-nho d'á___-gua fres-ca   No lin-do la___-go do_a-mor___

Ma-ra-vi-lho-sa-men-te cla___-ra_a á-gua   No

lin - do la___- go do_a-mor_____   E-___   Oh

Fim

Solo de Harmônica

Voz

Ao A
e *Fim*

E

Grito de alerta

GONZAGA JÚNIOR

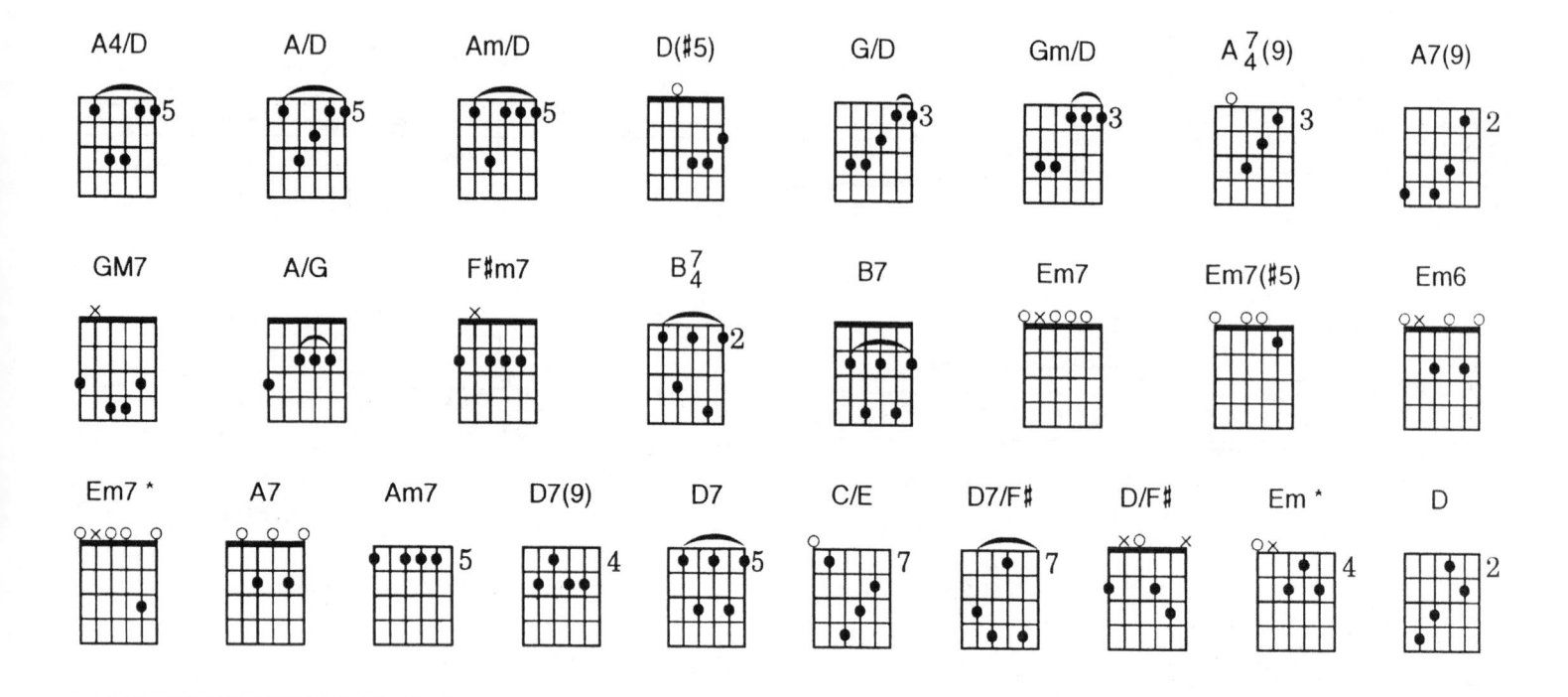

Introdução (2X): **A4/D A/D Am/D D(#5)**

A4/D   **A/D**
  Primeiro você me azucrina
         Am/D
  Me entorta a cabeça
                           G/D
  E me bota na boca um gosto amargo de fel
Gm/D   **A7(4 9)**
  Depois vem chorando desculpas
         A7(9)
  Assim meio pedindo
                    A4/D
  Querendo ganhar um bocado de mel
GM7   **A/G**
  Não vê que então eu me rasgo,
         F#m7   **B7(4)   B7**
  Engasgo, engulo, reflito e estendo a mão
Em7   **Em7(#5)**
  E assim nossa vi__da
            Em6
  É um rio secando as pedras cortando
            Em7   **A7**
  E eu vou perguntando até quando?

A4/D   **A/D**
  São tantas coisinhas miúdas
         Am/D
  Roendo, comendo, arrasando aos poucos
         G/D   **Gm/D**
  Com o nosso ideal

                     A7(4 9)
  São frases perdidas num mundo
              A7(9)
  De gritos e gestos, num jogo de culpa
            A4/D
  Que faz tanto mal
GM7
  Não quero a razão
            A/G   **F#m7**
  Pois eu sei o quanto estou errado
              B7(4 9)   B7(9)
  E o quanto já fiz destruir
Em7   **Em7(#5)**
  Só sinto no ar   o momento
              Em6
  Em que o copo está cheio
                   Am7   **D7(9)**
  E que já não dá mais pra engolir
GM7   **A7(4 9)**
  Veja bem
              F#m7   **B7**
  Nosso caso é uma porta entre aberta
            Em7   **A7**
  E eu busquei a palavra mais certa

  Vê se entende
        Am7   **D7 C/E D7/F#**
  O meu grito de alerta

GM7   **A7(4 9)**
  Veja bem
              F#m7   **B7**
  É o amor agitando meu coração
                  Em7   **A7**
  Há um lado carente dizendo que sim
                     Am7   **D7**
  E essa vida da gente gritando que não
GM7   **A7(4 9)**
  Veja bem
              F#m7   **B7**
  Nosso caso é uma porta entre aberta
            Em7   **A7**
  E eu busquei a palavra mais certa

  Vê se entende
        Am7   **D7 C/E D7/F#**
  O meu grito de alerta
GM7   **A7(4 9)**
  Veja bem
              F#m7   **B7**
  É o amor agitando meu coração
                  Em7   **A7**
  Há um lado carente dizendo que sim

  E essa vida da gente gritando que não

FINAL: **GM7   D/F#   Em   C/E   A7   D**

Pri - mei - ro vo - cê me a - zu - cri - na Me en - tor - ta a ca - be - ça E me bo - ta na bo - ca um gos - to a - mar - go de fel De - pois vem cho - ran - do des - cul - pas As - sim mei - o pe - din - do Que - ren - do ga - nhar um bo - ca - do de mel Não vê que en - tão eu me ras - go, En - gas - go, en - gu - lo, re - fli - to e es - ten - do a mão E as - sim nos - sa vi - da É um ri - o se - can - do as pe - dras cor - tan - do E eu vou per - gun - tan - do a - té quan - do? São tan - tas coi - si - nhas mi - ú - das Ro - en - do, co - men - do, ar - ras - san - do aos pou - cos Com o

©Copyright by EDIÇÕES MUSICAIS MOLEQUE LTDA.
Todos os direitos autorais reservados para todos os países. All rights reserved.

nos-so__ i-de-al São fra-ses per-di-das num mun-do__ De gri-tos e ges-tos, num jo-go de cul-pa__ Que faz tan-to mal__ Não que-ro a ra-zão Pois eu sei o quan-to es-tou er-ra-do E o__ quan-to já fiz__ des-tru-ir Só sin-to no ar__ o mo-men-to Em que o co-po es-tá chei-o E que já não dá mais__ pra en-go-lir Ve-ja bem Nos-so ca-so é u-ma por-ta en-tre a-ber-ta__ E eu bus-quei a pa--la-vra mais cer-ta__ Vê se en-ten-de O meu gri-to de a-ler-ta__ Ve-ja bem__ É o a-mor a-gi-tan-do o meu co-ra-ção Há um la-do ca-ren-te di--zen-do que sim__ E es-sa vi-da da gen-te gri-tan-do__ que não -tan-do que não

Um homem também chora

(Guerreiro menino)

GONZAGA JÚNIOR

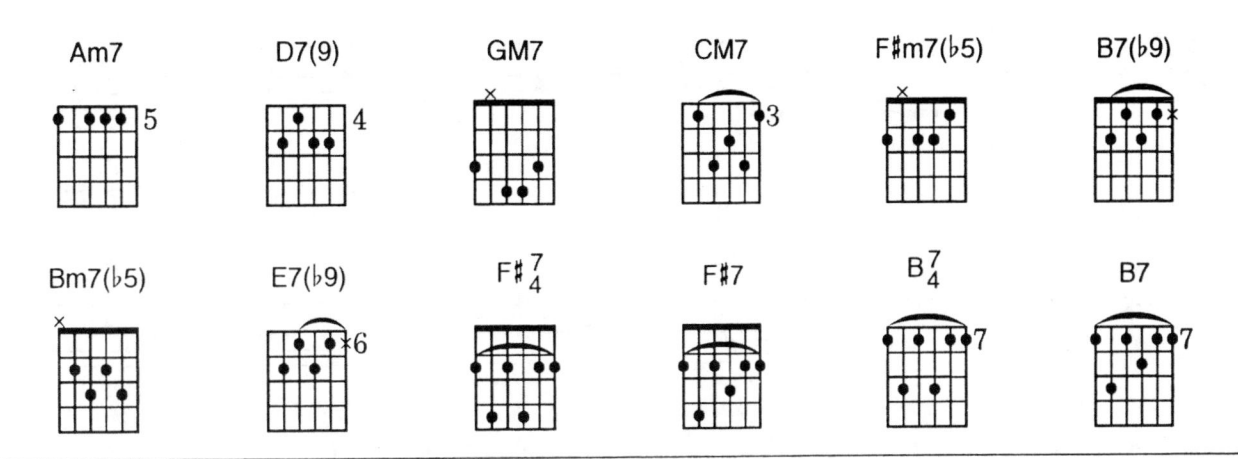

```
     E7(b9)              Am7     D7(9)   GM7    CM7
         Um homem também chora menina, morena
                  F#m7(b5)  B7(b9)   Bm7(b5)  E7(b9)
         Também deseja o colo,    palavras amenas
                  Am7   D7(9)          GM7
         Precisa de carinho,   precisa de ternura
              F#7(4) F#7    F#7(4)   F#7    B7(4)   B7
         Precisa de abra__ço  da pró____pria candura
             E7(b9)         Am7    D7(9)   GM7   CM7
         Guerreiros são pessoas tão fortes, tão frágeis
                  F#m7(b5) B7(b9)   Bm7(b5)  E7(b9)
         Guerreiros são meninos, no fundo do peito
                  Am7   D7(9)              GM7
         Precisam de um descanso,   precisam de um remanso
              F#7(4) F#7     F#7(4) F#7  B7(4)    B7
         Precisam de um so___no, que os tor___ne refeitos

            E7(b9)      Am7      D7(9)   GM7   CM7
         É triste ver meu homem, guerreiro menino
                  F#m7(b5)  B7(b9)     Bm7(b5)  E7(b9)
         Com a barra de seu tempo, por sobre seus ombros
                 Am7  D7(9)           GM7
         Eu vejo que ele berra,   eu vejo que ele sangra
              F#7(4) F#7     F#7(4) F#7  B7(4)   B7
         A dor que tem no pei___to, pois ama   e    ama

             E7(b9)     Am7     D7(9)    GM7   CM7
         Um homem se humilha, se castram seu sonho
                F#m7(b5) B7(b9)    Bm7(b5)  E7(b9)
         Seu sonho é sua vida e   vida é trabalho
                 Am7  D7(9)             GM7
         E sem o seu trabalho   o homen não tem honra
              F#7(4)  F#7    F#7(4)  F#7    B7(4)   B7
         E sem a sua hon___ra   se  mor___re, se mata
             E7(b9)    Am7   D7(9)         GM7  CM7
         Não dá pra ser feliz,     não dá pra ser feliz
```

Instrumental: F#m7(b5) B7(b9)   Bm7(b5) E7(b9)
Am7 D7(9) GM7 F#7(4) F#7 F#7(4) F#7 B7(4) B7

É triste ver meu homem, guerreiro menino *(etc.)*

Um homem também chora
(Guerreiro menino)

GONZAGA JÚNIOR

♩ = 130

Um ho-mem tam-bém cho-ra me-ni-na, mo-re-na
-so-as tão for-tes, tão frá-geis

Tam-bém de-se-jo o co-lo, pa-la-vras a-me-nas
Guer-rei-ros são me-ni-nos, no fun-do do pei-to

Pre-ci-sa de ca-ri-nho, pre-ci-sa de ter-nu-ra
Pre-ci-sam de um des-can-so, pre-ci-sam de um re-man-so

Pre-ci-sa de um a-bra-ço da pró-pria can-
Pre-ci-sam de um so-no, que os tor-ne re-

1. -du-ra Guer-rei-ros são pes-
   -fei-tos

2. É tris-te ver meu

ho-mem, guer-rei-ro me-ni-no Com a bar-ra de seu
-mi-lha, se cas-tram seu so-nho Seu so-nho é su-a

tem-po, por so-bre os seus om-bros Eu ve-jo que e-le
vi-da e vi-da é tra-ba-lho E sem o seu tra-

©Copyright by EDIÇÕES MUSICAIS MOLEQUE LTDA.
Todos os direitos autorais reservados para todos os países. All rights reserved.

-bera, eu vejo que_e-le sangra
-balho o homem não tem honra

A dor que tem no peito, pois ama e
E sem a sua honra se morre, se

a-ma Um homem se hu- Não dá pra ser feliz,
ma-ta

não dá pra ser fe-liz

É triste ver meu

liz, não dá pra ser fe-liz

Não dá pra ser fe-

Fade out

Não dá mais pra segurar

(Explode coração)

GONZAGA JÚNIOR

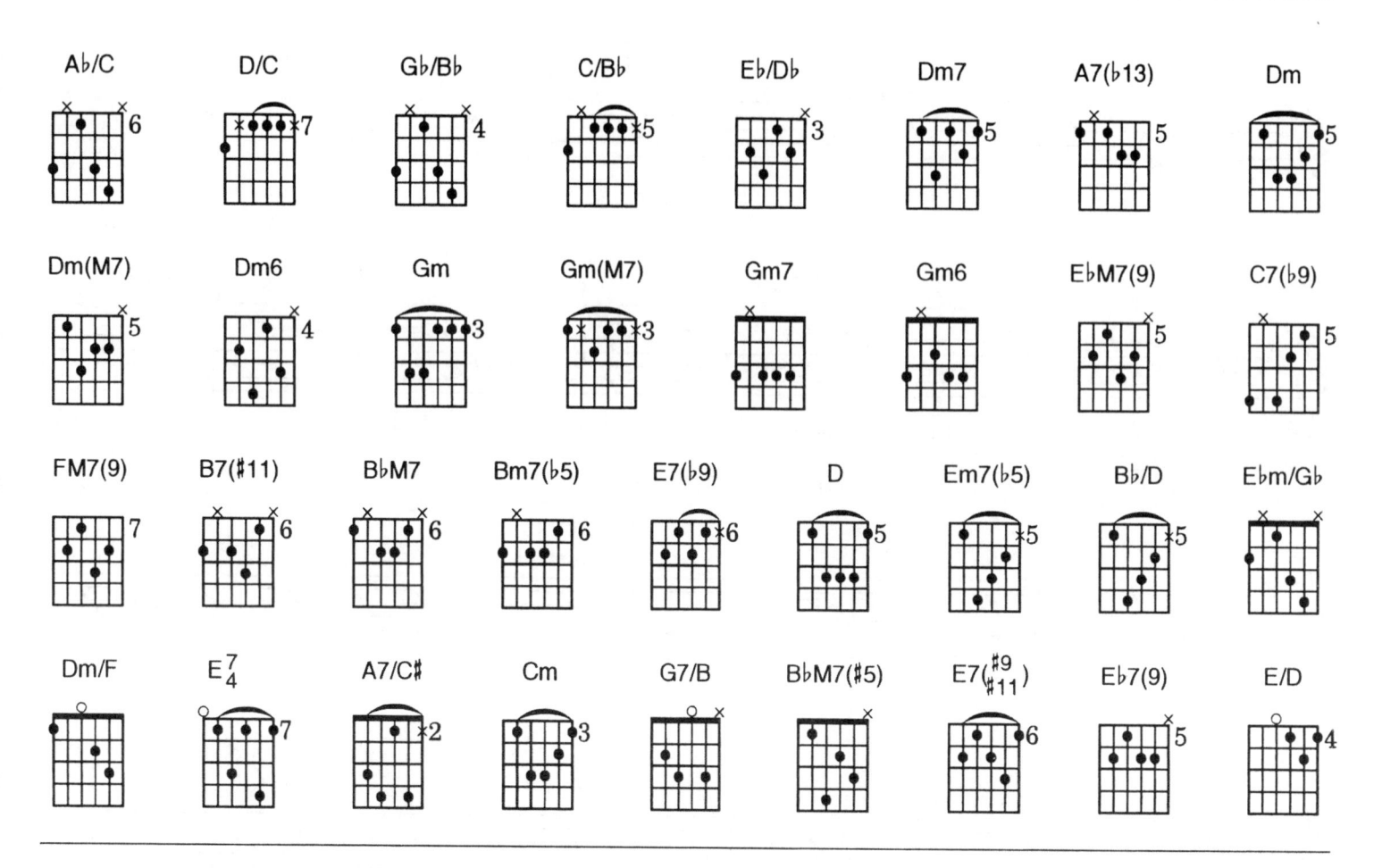

Introdução: **Ab/C D/C Gb/Bb C/Bb**
Eb/Db Dm7 A7(b13)

Dm   Dm(M7)   Dm7
Chega de tentar dissimular
             Dm6
E disfarçar e esconder
  Gm   Gm(M7)
O que não dá mais pra ocultar
       Gm7   Gm6
E eu não quero mais calar
  EbM7(9)   C7(b9)
Já que o brilho desse olhar foi traidor
  FM7(9) B7(#11) BbM7   Bm7(b5)
E entregou o que você tentou conter
  E7(b9)   Em7(b5) A7(b13)
O que você não quis desabafar

Dm   Bb/D   Dm6
Chega de temer, chorar, sofrer,
    Dm7   Dm(M7) D
Sorrir se dar e se perder
  Gm   Ebm/Gb   Dm/F
E se achar e tudo aquilo que é viver
   E7(4)   EbM(9)
Eu quero mais é me abrir

               C7(b9)
E que essa vida entre assim
        FM7(9)
Como se fosse o sol
B7(#11) BbM7   Bm7(b5)
Desvirginando a madrugada
       E7(b9)   Em7(b5) A7(b13)
Quero sentir a dor dessa manhã

  Dm   Dm(M7)
Nascendo, rompendo, tomando, rasgando
  Dm7   Dm6
Meu corpo e então, eu
  Gm   Gm(M7)   Gm7 Gm6
Chorando, gostando, sofrendo, adorando, gritando
  EbM7(9)   C7(b9)
Feito louca alucinada e criança
  FM7(9)   B7(#11)   BbM7
Eu quero o meu amor se derramando
    Bm7(b5)   E7(b9)
Não dá mais pra segurar
  Em7(b5) A7(b13) Dm
Explode   cora____ção

Instrumental: Dm Bb/D A7/C#   Cm Ab/C
G7/B BbM7 BbM7(#5) E7(#9 #11) Eb7(9) A7(b13)

Dm   Bb/D   Dm6
Chega de temer, chorar, sofrer,
    Dm7   Dm(M7) D
Sorrir se dar e se perder
      Gm   Ebm/Gb   Dm/F
E se achar e tudo aquilo que é viver
      E7(4)   EbM(9)
Eu quero mais é me abrir
                    C7(b9)
E que essa vida entre assim
        FM7(9)
Como se fosse o sol
B7(#11) BbM7   Bm7(b5)
Desvirginando a madrugada

           E7(b9)   Em7(b5)   A7(b13)
Quero sentir a dor dessa manhã
         Dm   Dm(M7)
Nascendo, rompendo, tomando, rasgando
        Dm7   Dm6
Meu corpo e então, eu
         Gm   Gm(M7)   Gm7   Gm6
Chorando, gostando, sofrendo, adorando, gritando
        EbM7(9)   C7(b9)
Feito louca alucinada e criança
        FM7(9)   B7(#11)   BbM7
Eu quero o meu amor se derramando
         Bm7(b5)   E7(b9)
Não dá mais pra segurar
        Em7(b5)   A7(b13) Bb/D E/D Ab/C D/C Gb/Bb C/Bb Eb/Db E/D
Explode   cora___ção

♩ = 110   Ab/C   D/C   Gb/Bb   C/Bb   Eb/Db   Dm7   A7(b13)

Piano Ad. libitum

Voz
Dm   Dm(M7)   Dm7   Dm6
Che - ga de ten-tar dis-si-mu - lar E dis-far-çar e es-con-der O que não

Gm   Gm(M7)   Gm7   Gm6   EbM7(9)
dá mais pra o-cul-tar E eu não que-ro mais ca-lar Já que o bri-lho des-se o-lhar foi tra-i-

C7(b9)   FM7(9) B7(#11)   BbM7   Bm7(b5)
-dor   E en-tre-gou o que vo-cê ten-tou con-ter   O que vo-

E7(b9)   Em7(b5)   A7(b13)   Dm   Bb/D
-cê não quis de-sa-ba-far_____   Che ga de te-mer cho-rar so-

Dm6   Dm7   Dm(M7)   D   Gm   Ebm/Gb
-frer So-rir se dar e se per-der   E se a-char e tu-do a-qui-lo que é vi-

©Copyright by EDIÇÕES MUSICAIS MOLEQUE LTDA.
Todos os direitos autorais reservados para todos os países. All rights reserved.

-ver Eu que-ro mais é me a-brir E que es-sa vi-da en-tre as-sim Co-mo se fos-se o sol

Des-vir-gi-nan-do a ma-dru-ga-da Que-ro sen-tir a dor des-sa ma-nhã_____ Nas-

-cen-do rom-pen-do to-man-do ras-gan-do Meu cor-po e en-tão eu_____ Cho-

-ran-do gos-tan-do so-fren-do a-do-ran-do gri-tan-do_____ Fei-to

lou-ca a-lu-ci-na-da e cri-an-ça___ Eu que-ro o meu a-mor se der-ra-man-do___ Não dá

mais pra se-gu-rar Ex-plo-de co-ra-ção *Instrumental*

Che - ga de te - mer cho - rar so - frer So - rir se dar e se per - der E se a-

-char e tu-do a-qui-lo que é vi - ver Eu que-ro mais é me a - brir E que es-sa vi-da en-tre as-

sim Co - mo se fos-se o sol Des - vir - gi - nan-do a ma-dru - - da - Que-ro sen-

-tir a dor des-sa ma-nhã___ Nas - cen-do rom-pen-do to - man-do ras-gan-do Meu

cor-po e en-tão eu___ Cho - ran-do gos-tan-do so - fren-do a-do-ran-do gri-

-tan-do___ Fei - to lou-ca a-lu-ci-na-da e cri - an - ça___ Eu

que-ro o meu a-mor se der-ra - man-do___ Não dá mais pra se-gu-rar Ex - plo-de co-ra - ção___

Instrumental

O que é o que é

GONZAGA JÚNIOR

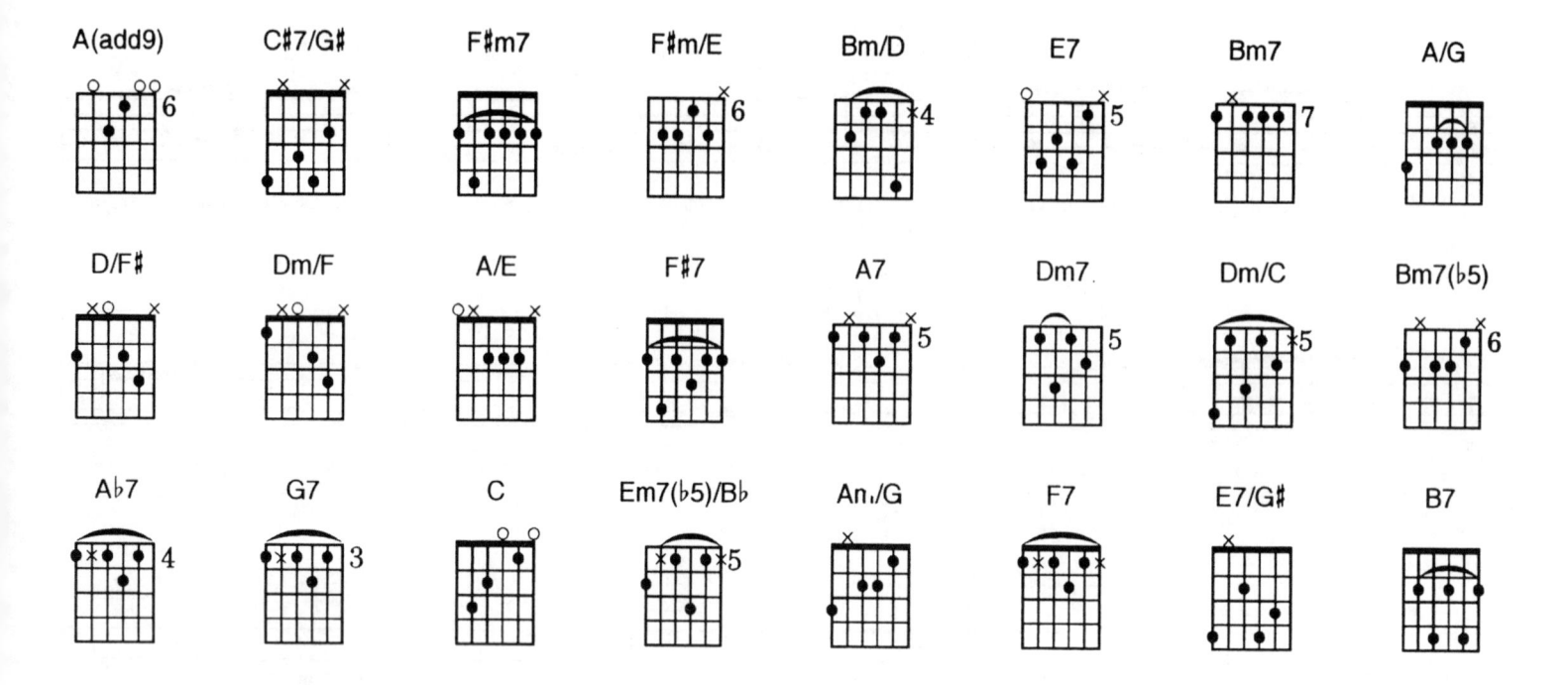

A CAPELLA:

Eu fico com a pureza da resposta das crianças
É a vida, é bonita, e é bonita (no gógó!!!)

Com acompanhamento na 2ª vez:

   A(add9) C#7/G# F#m7
Viver
      F#m/E   Bm/D   E7
E não ter a vergonha de ser   feliz
   Bm7   E7
Cantar   e cantar e cantar
                           A(add9)
A beleza de ser um eterno apren___diz
   E7   A(add9)   A/G
Ah! Meu Deus, eu sei,   eu sei
                        D/F#
Que a vida devia ser bem melhor e será
   Dm/F   A/E F#7
Mas is___so não impede que eu repita
   Bm7   E7   A(add9) E7
É boni__ta, é bonita, é boni___ta

Volta ao inicio desta estrofe c/ acompanhamento

   Am7
E a vi__da?
         A7   Dm7   Dm/C
E a vida o que é, diga lá,   meu irmão?
                 Bm7(b5)   E7
Ela é a batida de um   coração?

  Bm7(b5) E7   Am7   E7
Ela é uma doce ilusão?
         Am7
Mas e a vi__da?
     A7   Dm7   Dm/C
Ela é maravida ou é so__frimento?
                Bm7(b5) E7
Ela é alegria ou lamen__to?
Bm7(b5)   E7   Am7 Ab7
O que é o que é, meu irmão?

           G7
Há quem fa__le que a vida da gente
            C
É um nada no mun_do
          Bm7(b5)   E7
É uma go__ta, é um tempo
            Em7(b5)/Bb A7
Que nem dá um segundo
        Dm   Dm/C
Há quem fa__le que é
      Bm7(b5) E7   Am7 Am/G
Um divino mistério pro__fundo
   F7   E7
É o so_pro do Criador numa atitude repleta de amor
   Bm7(b5)   E7
Você diz qué é luta e prazer
        Am7
Ela diz   que a vida é viver
      Bm7(b5)   E7/G#
Ela diz   que melhor é morrer

        Em7(b5)/Bb   A7
Pois amada não é, e o verbo é sofrer
    Dm7   E7
Eu só sei que confio na moça
      Am7   Am/G
E na moça eu ponho a força da fé
    F7
Somos nós que fazemos a vida
   E7
Como der, ou puder, ou quiser

Bm7(b5) E7 Am7 Ab7
Sempre deseja__da
       G7   C
Por mais que esteja erra__da
Bm7(b5) E7   Am7
Ninguém quer a mor___te
 B7   E7
Só saúde e sor__te
Bm7(b5) E7 Am7 Ab7
E a pergunta ro__da,

          G7   C
E a cabeça agi__ta
Bm7(b5)   E7   Am7   Am/G
Fico com a pure__za da respos__ta das crian__ças
   F7   E7
É a vida, é bonita, e é boni__ta

REPETIR e fade out:
  A(add9) C#7/G# F#m7
Viver
            F#m/E   Bm/D   E7
E não ter a vergonha de ser   feliz
       Bm7   E7
Cantar e cantar e cantar
                            A(add9)
A beleza de ser um eterno apren___diz
 E7   A(add9) A/G
Ah! Meu Deus, eu sei,   eu sei
                          D/F#
Que a vida devia ser bem melhor e será
  Dm/F   A/E F#7
Mas is__so não impede que eu repita
     Bm7   E7   A(add9) E7
É boni__ta, é bonita, é boni__ta

© Copyright by EDIÇÕES MUSICAIS MOLEQUE LTDA.
Todos os direitos autorais reservados para todos os países. All rights reserved.

Meu Deus, eu sei, eu sei Que a vida devia ser bem melhor e será Mas isso não impede de que eu repita É bonita é bonita e é bonita

Viver

E a vida? E a vida o que é, diga lá, meu irmão? Ela é a batida de um coração Ela é uma doce ilusão? êh ôh Mas e a vida? Ela é maravida ou é sofrimento? Ela é alegria ou lamento? O

que é o que é, meu irmão? Há quem fale que a vida da gente É um nada no mundo É uma gota, é um tempo Que nem dá um segundo Há quem fale que é Um divino mistério profundo É o sopro do Criador numa atitude repleta de amor Você diz que é luta e prazer Ela diz que a vida é viver Ela diz que melhor é morrer Pois amada não é, e o verbo é sofrer Eu só sei que confio na moça E na moça eu ponho a força da fé Somos nós que fa-ze-mos a vi—da Co-mo der, ou pu-der, ou qui-ser

Sem-pre de—se-ja—da Por mais—que es-

-te—ja er-ra—da— Nin-guém quer a mor-te

Só sa-ú-de e sor—te— E a per-

-gun—ta ro—da, E a ca-be-

—ça a-gi—ta— Fi-co com a pu-re—

—za da res-pos-ta das cri-an—ças É a

vi-da, é bo-ni-ta, e é bo-ni-ta.— Vi-ver—

Ao 𝄋 c/rep. casa 1 p/ fade

Recado

GONZAGA JÚNIOR

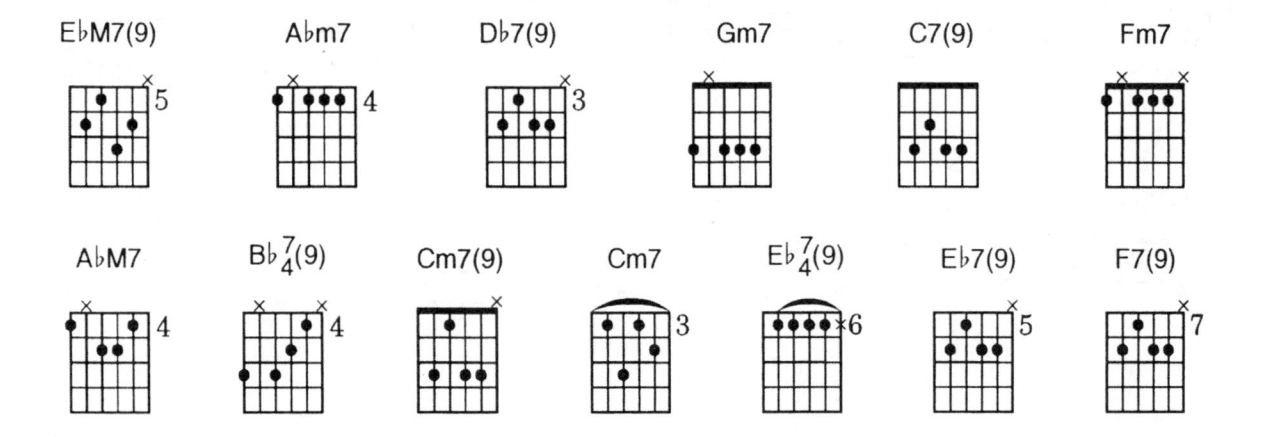

Chord diagrams: EbM7(9), Abm7, Db7(9), Gm7, C7(9), Fm7, AbM7, Bb7/4(9), Cm7(9), Cm7, Eb7/4(9), Eb7(9), F7(9)

Introdução: EbM7(9) Abm7 Db7(9) Gm7 C7(9) Fm7
Gm7 AbM7 Bb7(4 9) EbM7(9) Abm7 Db7(9) Gm7
C7(9) Fm7 Gm7

AbM7   Bb7(4 9)   EbM7(9)
  Se me der um bei___jo eu gosto
     Abm7 Db7(9)
  Se me der um ta__pa eu brigo
    Gm7 Cm7
  Se me der um gri__to não calo
   Bb7(4 9)
  Se mandar calar, mais eu falo

     EbM7(9)
  Mas se me der a mão claro aperto
   Abm7 Db7(9)
  Se for franco direto e aberto
   Gm7   Cm7
  Tô contigo ami__go e não abro
  Bb7(4 9)
  Vamos ver o diabo de perto

    Eb7(4 9)
  Mas preste bem atenção seu moço
Eb7(9) AbM7
  Não engulo a fruta e o caroço
    Cm7 F7(9)
  Minha vida é tutano é osso
  Bb7(4 9)
  Liberdade virou prisão

   EbM7(9)
Se é amor, deu e recebeu
  Abm7
Se é suor, só o meu e o seu
Db7(9)   Gm7   Cm7
Verbo eu, pra mim já morreu
     Bb7(4 9)
Quem mandava em mim nem nasceu

BIS {
   EbM7(9)
É viver e aprender
   Abm7 Db7(9)
Vá viver e entender malandro
   Gm7 Cm7
Vá compreender,
   Bb7(4 9)
Vá tratar de viver
}

    Eb7(4 9) Eb7(9)
E se tentar me tolher é igual

   AbM7
Ao fulano de tal que taí
   Cm7 F7(9)
Se é pra ir vamos juntos
   Bb7(4 9)
Se não é já não tô nem aqui

Introdução com fade out

Recado

GONZAGA JÚNIOR

♩ = 70

Se me der um bei-jo eu gosto
Se me der um ta-pa eu brigo
Se me der um gri-to não ca-lo
Se mandar calar, mais eu falo
Mas se me der a mão clara apertó
Se for franco direto e aberto
Tô contigo amigo e não abro
Vamos ver o diabo de perto
Mas preste bem atenção seu moço
Não engulo a fruta e o caroço

©Copyright by EDIÇÕES MUSICAIS MOLEQUE LTDA.
Todos os direitos autorais reservados para todos os países. All rights reserved.

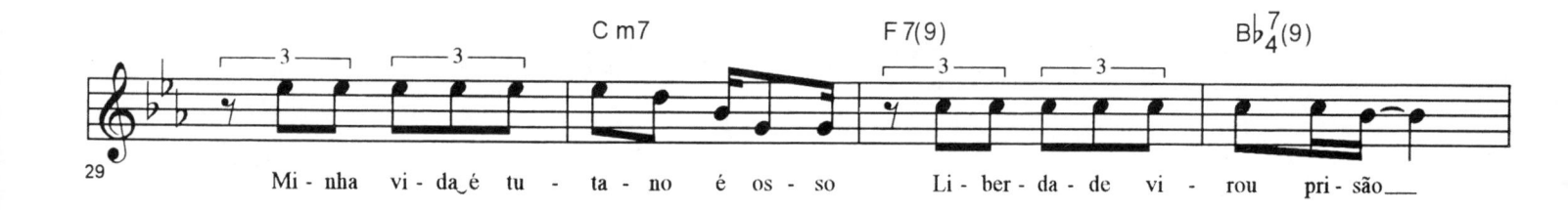

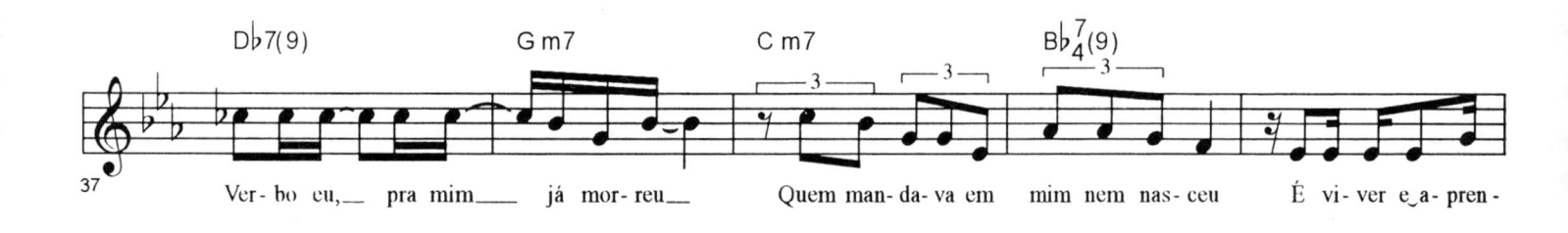

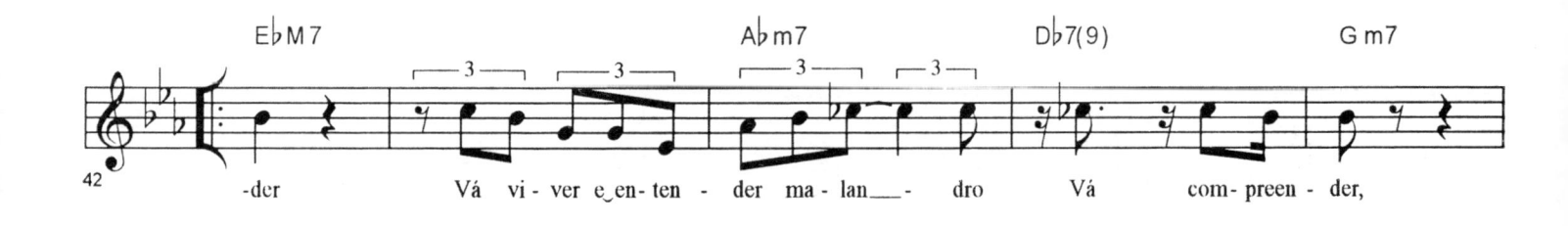

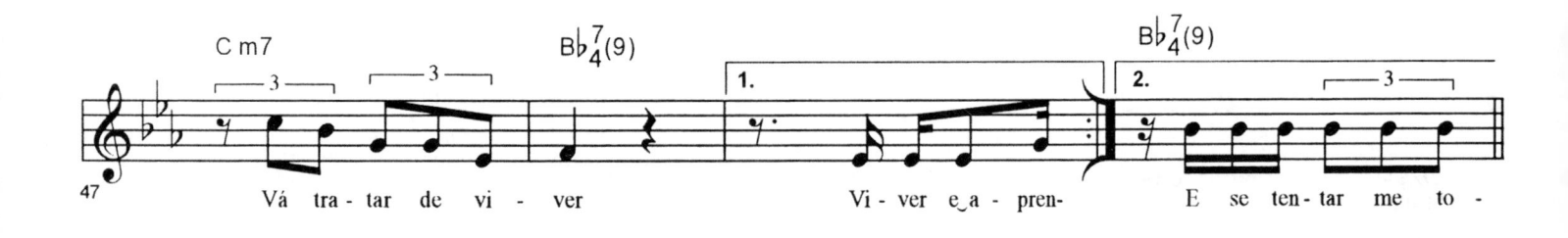

Minha vida é tutano é osso
Liberdade virou prisão
Se é amor, deu e recebeu
Se é suor, só o meu e o seu
Verbo eu, pra mim já morreu
Quem mandava em mim nem nasceu
É viver e aprender
Vá viver e entender malandro
Vá compreender,
Vá tratar de viver
Viver e apren-
E se tentar me to-lher é igual
Ao fulano de tal que taí
Se é pra ir vamos juntos
Se não é já não tô nem aqui.

À Intro
rep. casa 1 e
Fade out

Com a perna no mundo

GONZAGA JÚNIOR

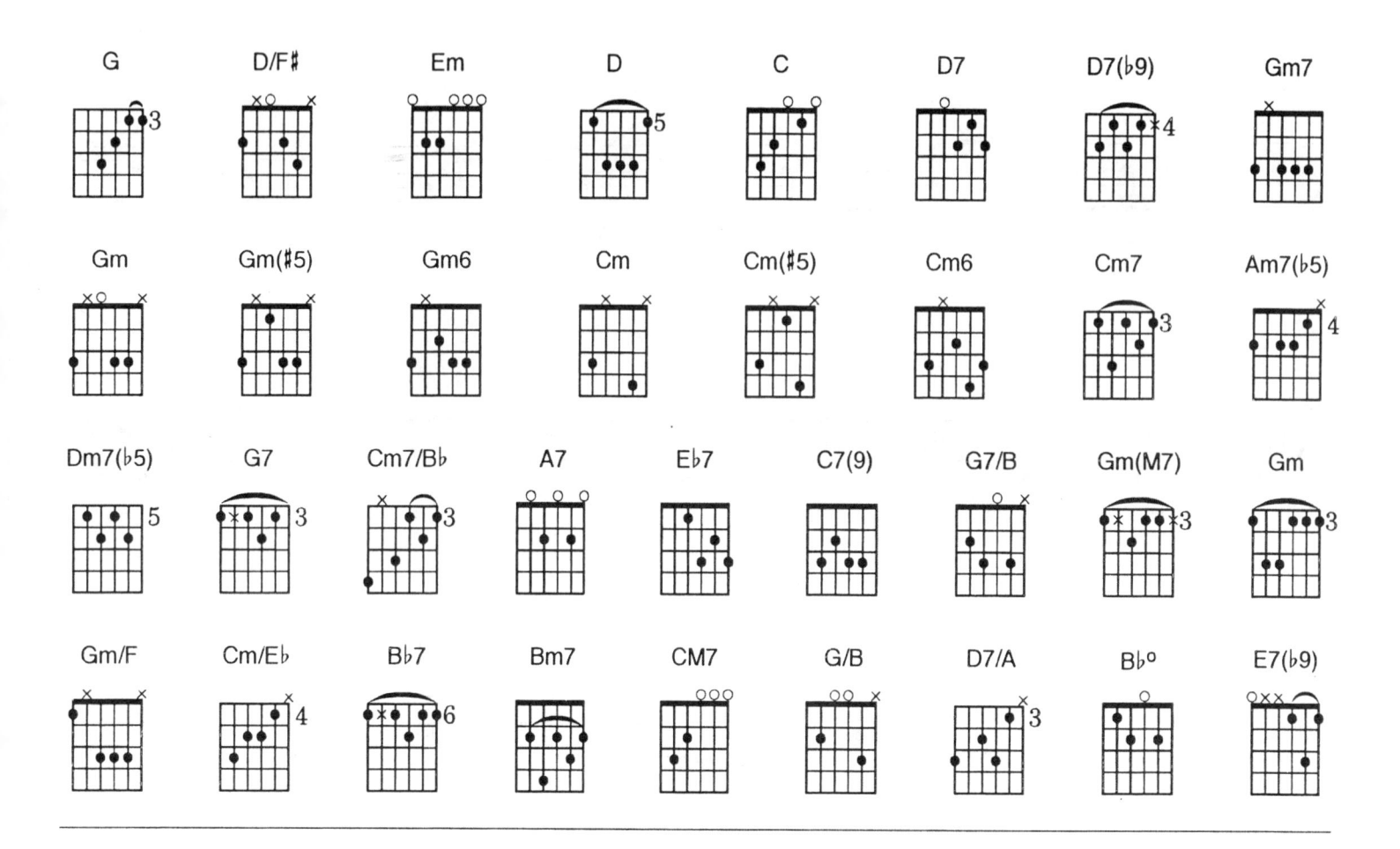

Introdução: G D/F# Em D C D7 G D7
G D/F# Em D C D7 G D7(b9) Gm7

   D7(b9)   Gm Gm(#5) Gm6
Acreditava na vida,
   Gm7   Cm Cm(#5) Cm6
Na alegria de ser
   Cm7   Am7(b5) D7(b9)
Nas coisas do coração,
                      Gm7 G7/F
Nas mãos de um muito fazer
            Dm7(b5)   G7   Cm7 Cm/Bb
Sentava bem lá no al__to, pivete olhando a cida__de
                    A7   Eb7 D7
Sentindo o cheiro do asfal__to, cresceu por necessidade

   Gm7   C7(9)   Gm7
Ô Di___na
          G7/B   Cm7   Cm/Bb
Teu menino desceu o São Car__los
             Am7(b5) D7(b9)   Gm7
Pegou um sonho   e   partiu

                        Gm(M7)   Gm
Pensava que era um guerrei__ro
             Dm7(b5) G7   Cm7 Cm/Bb
Com terras e gen__tes   a conquistar
                   A7
Havia um fogo em seus o__lhos,
                   D7 G7   Cm7
Um fogo de não se apagar

BIS {
   D7(b9)   Gm7   Gm/F Cm/Eb
Diz lá pra Dina que eu vol___to
   D7(b9)   Dm7(b5)   G7   Cm7
Que seu guri não fugiu
   D7(b9)   Gm7   Bb7 Am7(b5)
Só quis saber como é   qual é,
   D7(b9)   Gm7 Dm7(b5) G7 Cm7
Perna no mundo sumiu
}

Na repetição:

   D7(b9)   Gm7   D7
Perna no mundo sumiu

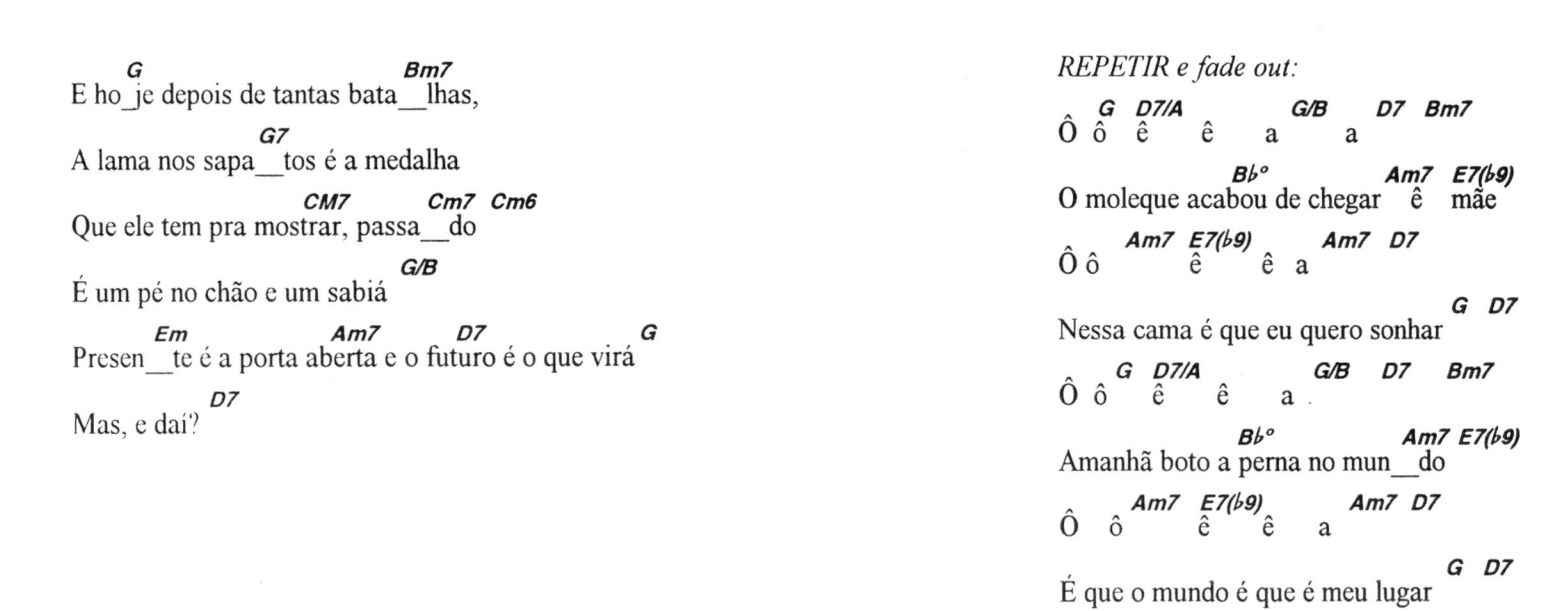

```
       G                          Bm7
E ho_je depois de tantas bata__lhas,
                G7
A lama nos sapa__tos é a medalha
                   CM7      Cm7   Cm6
Que ele tem pra mostrar, passa__do
             G/B
É um pé no chão e um sabiá
  Em           Am7       D7        G
Presen__te é a porta aberta e o futuro é o que virá
     D7
Mas, e daí?
```

```
REPETIR e fade out:
    G   D7/A       G/B   D7  Bm7
Ô ô    ê    ê   a       a
                   Bbº      Am7  E7(b9)
O moleque acabou de chegar  ê    mãe
    Am7  E7(b9)     Am7  D7
Ô ô      ê    ê  a
                            G   D7
Nessa cama é que eu quero sonhar
    G   D7/A       G/B   D7  Bm7
Ô ô    ê    ê   a       a
                    Bbº      Am7  E7(b9)
Amanhã boto a perna no mun__do
    Am7  E7(b9)     Am7  D7
Ô ô      ê    ê  a
                         G   D7
É que o mundo é que é meu lugar
```

♩ = 110

Vocalize
Lê lá rai ê...

A - cre - di - ta - va_ na vi___ - da,___ Na a - le -gri - a_ de ser___ Nas coi_ - sas do___ co__ - ra_ - ção,___ Nas mãos__ de_um mui___ - to_ fa - zer___

©Copyright by EDIÇÕES MUSICAIS MOLEQUE LTDA.
Todos os direitos autorais reservados para todos os países. All rights reserved.

Senta-va bem lá no al-to, pive-te o-lhan-do a ci-da-de Sen-tin-do chei-ro de as-fal-to, cres-ceu por ne-ces-si-da-de Ô Di-na Teu me-ni-no des-ceu o São Car-los Pe-gou um so-nho e par-tiu Pen-sa-va que e-ra um guer-rei-ro Com ter-ras e gen-tes a con-quis-tar Ha-vi-a um fo-go em seus o-lhos, Um fo-go de não se a-pa-gar

Diz lá pra Dina que eu voltô
Que seguri não fugiu
Só quis saber como é qual é,
Perna no mundo sumi(u)
E hoje depois de tantas batalhas,
A lama nos sapatos é a medalha
Que ele tem pra mostrar, passado
É um pé no chão e um sabiá
Presente é a porta aberta e o futuro é o que virá
Mas, e daí? Ô

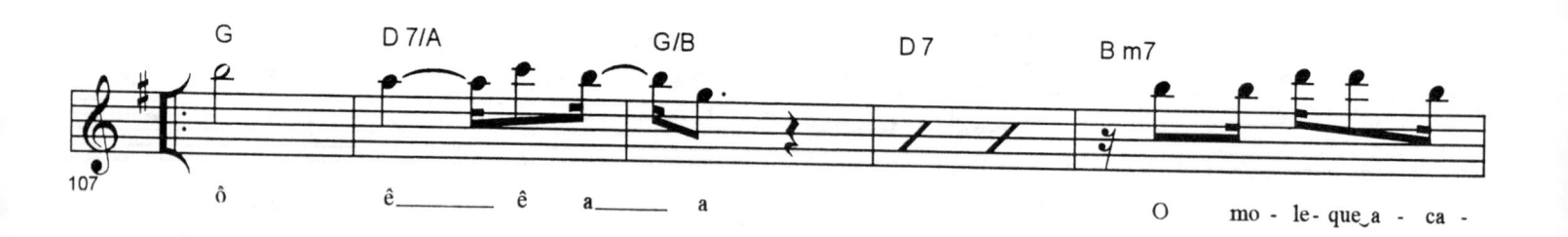

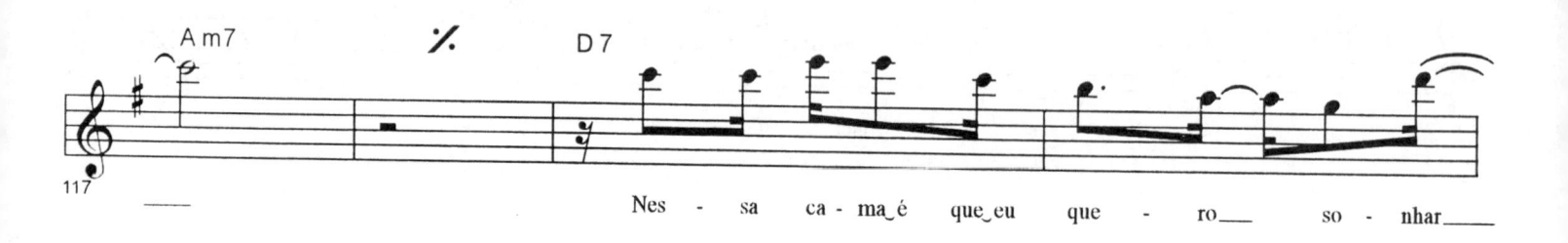

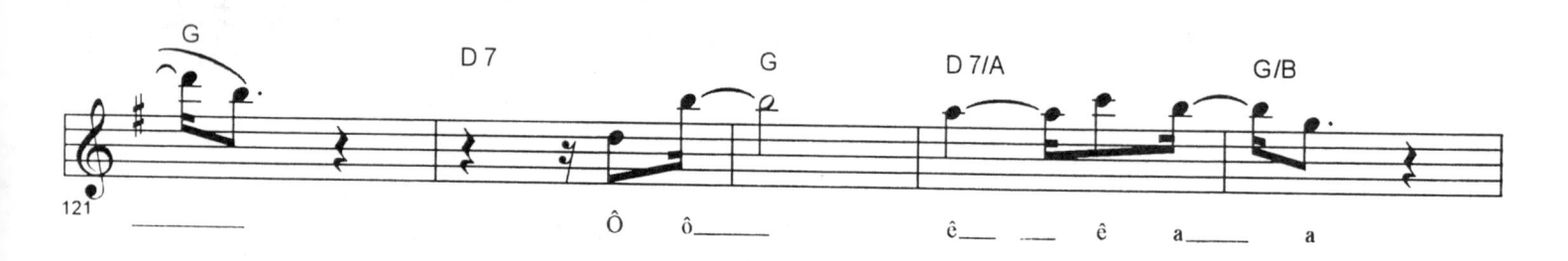

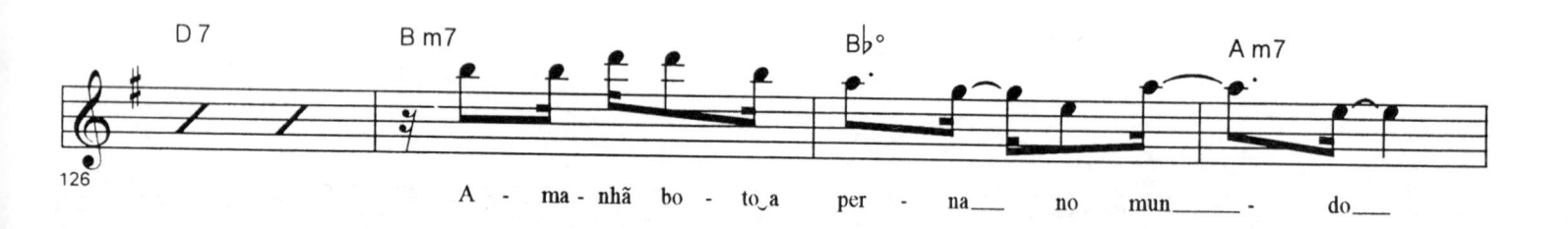

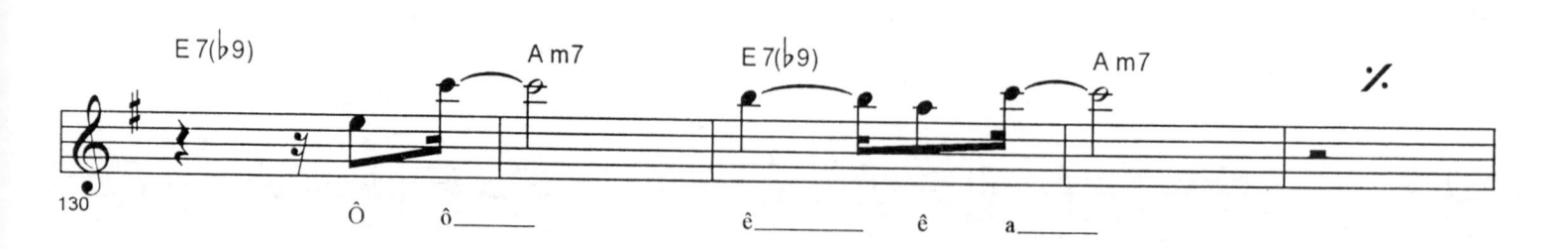

G D 7/A G/B D 7 B m7
107
ô ê ê a a O mo - le - que a - ca -
B♭° A m7 E 7(♭9) A m7 E 7(♭9)
112
-bou de che - gar ê mãe Ô ô ê ê a
A m7 D 7
117
Nes - sa ca - ma é que eu que - ro so - nhar
G D 7 G D 7/A G/B
121
Ô ô ê ê a a
D 7 B m7 B♭° A m7
126
A - ma - nhã bo - to a per - na no mun - do
E 7(♭9) A m7 E 7(♭9) A m7
130
Ô ô ê ê a
D 7 G D 7
135
É que o mun - do é que é meu lu - gar Ô
Fade out

O preto que satizfaz

GONZAGA JÚNIOR

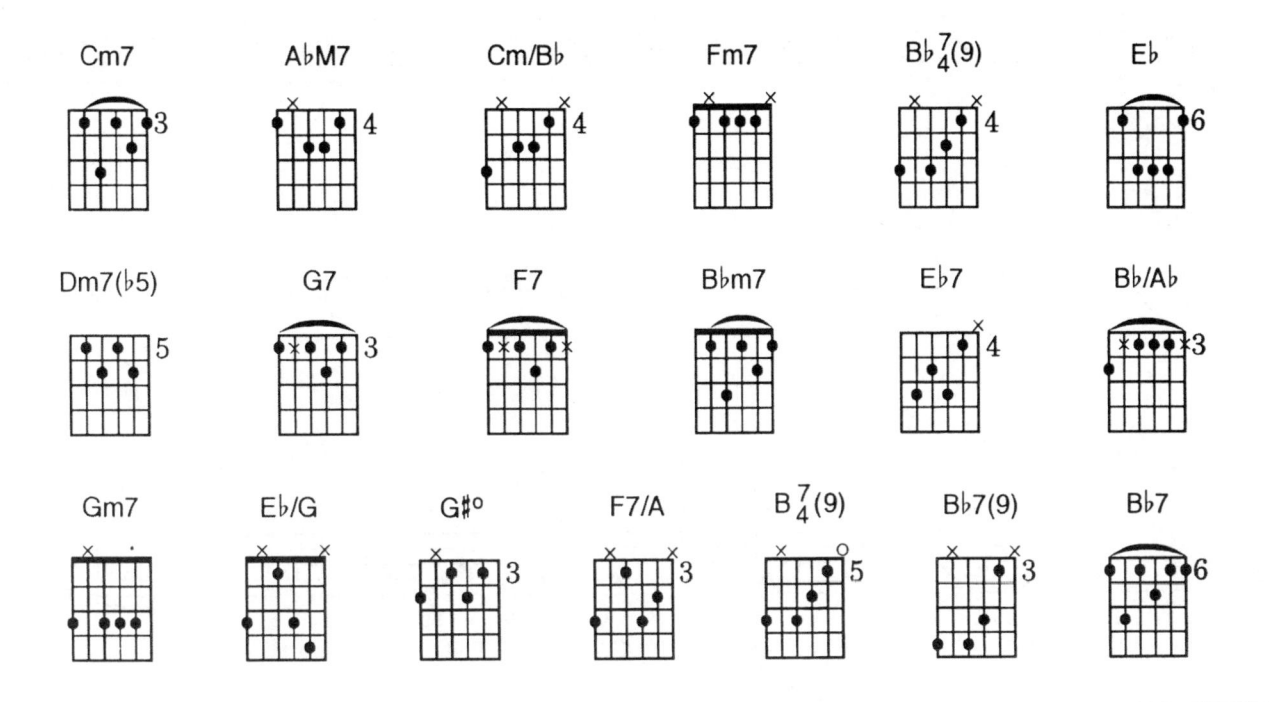

Introdução: Cm7   AbM7   Cm7
              Cm/Bb   Fm7   Bb7(4 9)

Falado: É do perú

Eb   Dm7(b5)
Dez entre dez brasileiros
   G7   Cm7   G7
Preferem feijão
Cm7   F7
Esse sabor bem Brasil
      Bm7   F7
Verdadeiro fator de união da família
AbM7   Bb/Ab
Esse sabor de aventura
       Gm7   Cm7
O famoso pretão maravilha
F7   Eb/G   G#°   F7/A
Faz mais feliz a mamãe, o papai
   Bb7(4 9)   B7(4 9)   Bb7(4 9)
O filhinho e a filha

Eb   Dm7(b5)
Dez entre dez brasileiros
   G7   Cm7   G7
Elegem feijão
Cm7   F7
Puro com pão, com arroz
       Bbm7   Eb7
Com farinha ou com macarrão

AbM7   Bb/Ab
E nessas horas esquecem
                   Gm7   Cm7
Dos seus preconceitos
F7   Eb/G   G#°
Gritam que este crioulo
       F7/A   Bb7(4 9)   Bb7(9)
É um velho amigo do peito

Eb   Bb7
Feijão tem gosto de festa
                       Eb
É melhor e mal não faz
                   Bb7
Ontem, hoje, sem__pre

Feijão, feijão, feijão
                 Eb
O preto que satisfaz!

Opcional: volta ao início,
1/2 tom acima.

O preto que satisfaz

GONZAGA JÚNIOR

♩ = 135

Instrumental

| Cm7 | A♭M7 | Cm7 | Cm/B♭ |
| Fm7 | | B♭7/4(9) | |

É do perú...

Voz

| E♭ | | Dm7(♭5) | G7 | Cm7 | G7 |

Dez en-tre dez bra-si-lei-ros Pre-fe-rem fei-jão____

| Cm7 | | F7 | | B♭m7 | |

Es-se sa-bor bem Bra-sil Ver-da-dei-ro fa-tor de u-ni-ão da fa-

| E♭7 | A♭M7 | | B♭/A♭ | |

-mí-lia Es-se sa-bor de a-ven-tu-ra O fa-mo-so pre-

| Gm7 | Cm7 | F7 | E♭/G |

-tão ma-ra-vi-lha____ Faz mais fe-liz a ma-

| G#° | F7/A | B♭7/4(9) | B7/4(9) | B♭7/4(9) |

-mãe o pa-pai O fi-lhi-nho e a fi-lha____

©Copyright by EDIÇÕES MUSICAIS MOLEQUE LTDA.
Todos os direitos autorais reservados para todos os países. All rights reserved.

Eb Dm7(b5) G7 Cm7 G7
24
Dez en - tre dez bra - si - lei - ros E - le - gem fei - jão
Cm7 F7 Bbm7 Eb7
28
Pu - ro com pão, com ar - roz Com fa - ri - nha ou com ma - car - rão
AbM7 Bb/Ab Gm7 Cm7
32
E nes - sas ho - ras es - que - cem Dos seus pre - con - cei - tos
F7 Eb/G G#° F7/A Bb7 4(9) Bb7(9)
36
Gri - tam que es - se cri - ou - lo‿É um ve - lho a - mi - go do pei - to Fei -
Eb Bb7
40
-jão tem gos - to de fes - ta É me - lhor e mal não
Eb Bb7
43
faz On - tem, ho - je‿e sem - pre Fei - jão, fei - jão, fei -
D.C. opcional com 1/2 tom acima
Eb
46
-jão O pre - to que sa - tis - faz

Diga lá coração

GONZAGA JÚNIOR

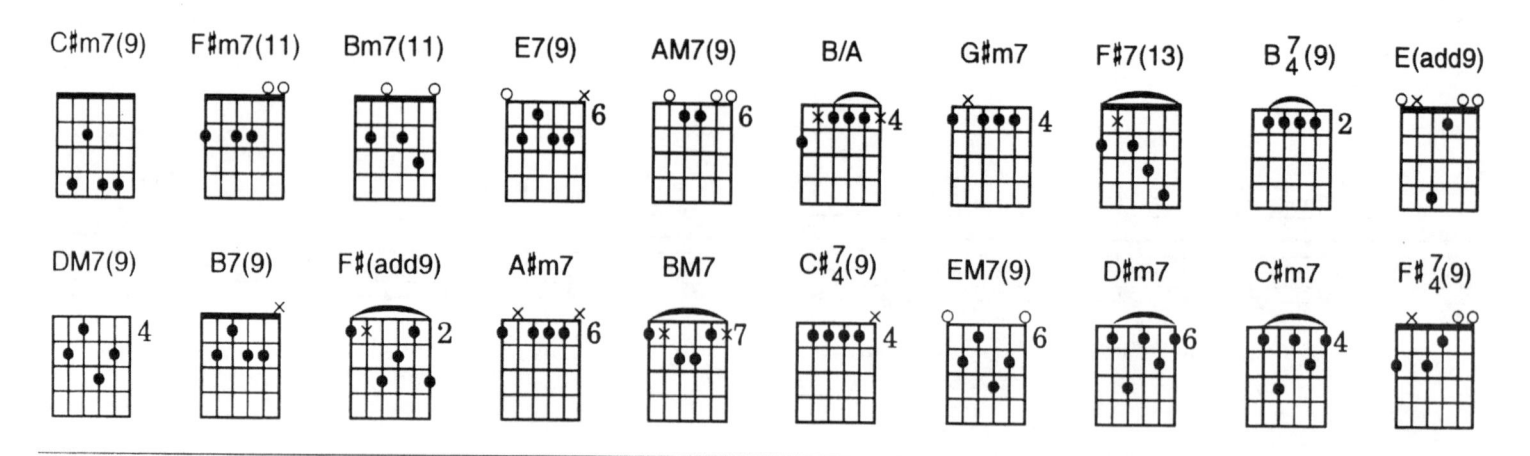

     C#m7(9)   F#m7(11)
São coisas dessa vida tão cigana
     C#m7(9)   Bm7(11) E7(9)
Caminhos como as linhas dessa mão
    AM7(9)   B/A   G#m7   C#m7(9)
Vontade de chegar e olha eu chegando
  F#7(13)
E vem essa cigarra no meu peito
                     B7(4 9)
Já querendo ir cantar no outro lugar

   E(add9)   F#m7(11)
Diga lá, meu coração
              G#m7   AM7(9)
Da alegria de rever essa menina
    G#m7 AM7(9)   C#m7(9) B7(4 9)
E abraçá-la   e beijá-la
 E(add9)
Diga lá, meu coração
 F#m7(11)   G#m7   AM7(9)
Conte as histórias das pessoas
     G#m7   C#m7(9)   Bm7(11)
Nas estradas   dessa vida

AM7(9)   G#m7
Chora essa saudade estrangulada
AM7(9)   G#m7
Fale sem você não há mais nada
DM7(9)   C#m7(9)
Olhe bem nos olhos da morena
     Bm7(11)   C#m7(9)
E veja lá no fundo a luz daquela primavera
AM7(9)   G#m7
Durma qual criança no seu colo
AM7(9)   G#m7
Sinta o cheiro forte do teu solo
DM7(9)   C#m7(9)
Passe a mão nos seus cabelos negros
          Bm7(11)
Diga um verso bem bonito
     C#m7
E de novo vai embora

Instrumental: B7(4 9) B7(9)

 E(add9)
Diga lá, meu coração
 F#m7(11)
Que ela está dentro em meu peito
           G#m7   AM7(9)
E bem guardada
           G#m7   AM7(9)
E que é preciso
         G#m7   F#m7(11) B7(4 9)
Mais que nunca
       E(add9) DM7(9)   C#m7(9) Bm7(11) E7(9)
Prosseguir,   prosseguir

  AM7(9)   G#m7
Espere por mim more___na
  F#m7(11)   B7(4 9)   E(add9)
Espere que eu chego já
               DM7(9) C#m7(9)
O amor por você

Instrumental: B7(4 9) B7(9)

 F#(add9)   G#m7(11)
Diga lá, meu coração

Que ela está dentro em meu peito
 A#m7   BM7
E bem guardada
 A#m7   BM7
E que é preciso
      A#m7 G#m7 C#7(4 9)
Mais que nunca
        F#(add9) EM7(9)   D#m7 C#m7 F#7(4 9)
Prosseguir,   prosseguir

Repetir e fade out
 BM7   A#m7
Espere por mim more__na
 G#m7   C#7(4 9) F#(add9)
Espere que eu chego já
        EM7(9) D#m7 C#m7 D#m7
O amor por você more___na

São coi-sas dessa vida tão ci-ga-na Ca-minhos como as linhas dessa mão Vontade de chegar e olha eu chegando E vem essa cigarra no meu peito Já querendo ir cantar no outro lugar

Di-ga lá, meu co-ra-ção Da a-le-gri-a de re-ver essa me-ni-na E a-bra-çá-la e bei-já-la Di-ga lá, meu co-ra-ção Con-te as his-tó-rias das pes-so-as Nas es-tra-das dessa vi-da Cho-ra essa sau-da-de es-tran-gu-la-da Fa-le sem vo-cê não há mais

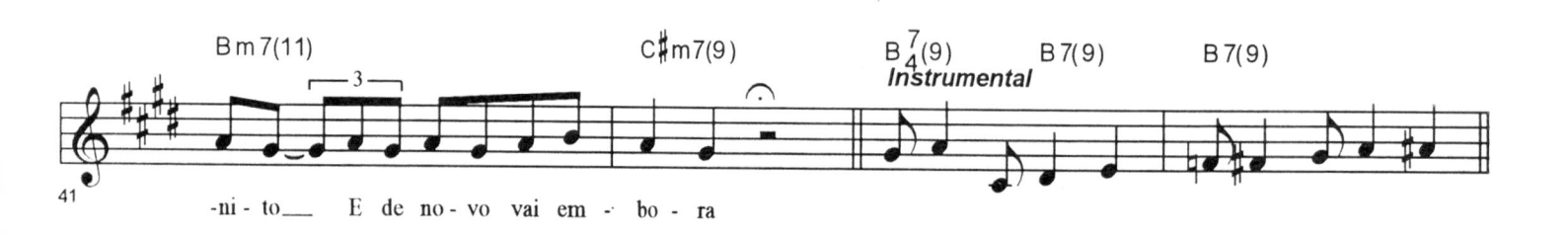

Lyrics (with chords above):

30. na-da | O-lhe bem nos o-lhos da mo-re-na | E ve-ja lá no fun-do a luz da-que-la pri-ma-
 (G#m7 | DM7(9) | C#m7(9) | Bm7(11))

34. -ve-ra | Dur-ma qual cri-an-ça no seu co-lo | Sin-ta o chei-ro for-te do teu
 (C#m7(9) | AM7(9) | G#m7 | AM7(9))

38. so-lo | Pas-se a mão nos seus ca-be-los ne-gros | Di-ga um ver-so bem bo-
 (G#m7 | DM7(9) | C#m7(9))

41. -ni-to | E de no-vo vai em-bo-ra | | *Instrumental*
 (Bm7(11) | C#m7(9) | B7/4(9) B7(9) B7(9))

45. Di-ga lá, meu co-ra-ção | Que e-la es-tá den-tro em meu pei-to E bem guar-da-da
 (E(add9) *Voz* | F#m7(11) | G#m7)

48. E que é pre-ci-so | Mais que nun-ca | Pros-se-guir
 (AM7(9) G#m7 AM7(9) | G#m7 F#m7(11) B7/4(9) | E(add9))

54. pros-se-guir | Es-pe-re por mim mo-re-na Es-
 (DM7(9) | C#m7(9) Bm7(11) E7(9) | AM7(9) | G#m7)

F♯m7(11) B7/4(9) E(add9) DM7(9) C♯m7(9)
59
-pe - re que‿eu che - go já O‿a - mor por vo - cê
Instrumental B7/4(9) B7(9) B7(9) F♯(add9)
Voz
63
Di - ga lá, meu co - ra -
G♯m7 A♯m7 BM7
66
-ção Que‿e - la‿es - tá den - tro em meu pei - to‿E bem guar - da - da E que é pre -
A♯m7 BM7 A♯m7 G♯m7 C♯7/4(9)
69
-ci - so Mais que nun - ca Pros - se -
F♯(add9) EM7(9) D♯m7 C♯m7 F♯7/4(9)
73
-guir pros - se - guir Es -
BM7 A♯m7 G♯m7 C♯7/4(9)
Rep. ad libitum
77
-pe - re por mim mo - re - na Es - pe - re que‿eu ghe - go já
F♯(add9) EM7(9) D♯m7 C♯m7 D♯m7
80
O‿a - mor por vo - cê mo - re - na Es-
Fade out

Comportamento geral

GONZAGA JÚNIOR

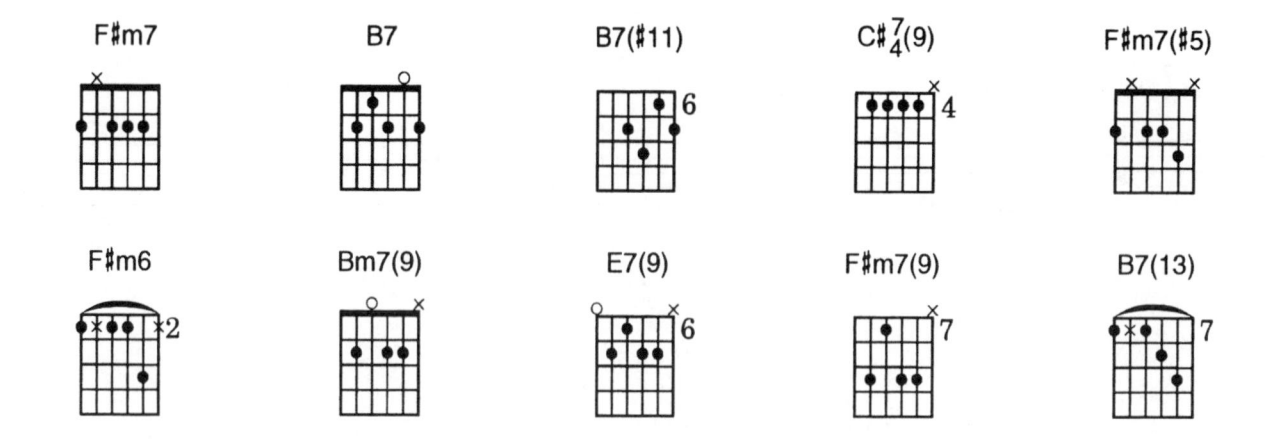

Introdução: **F#m7   B7   F#m7   B7(#11)**

F#m7   B7
Você deve notar que não tem mais tutu
F#m7   B7(#11)
E dizer que não está preocupa___do
F#m7   B7
Você deve lutar pela xepa da feira
F#m7   B7   C#7(4 9)
E dizer que está recompensado
F#m7   B7
Você deve estampar sempre um ar de alegria
F#m7   B7(#11)
E dizer tudo tem melhora___do
F#m7   B7
Você deve rezar pelo bem do patrão
F#m7   B7   C#7(4 9)
E esquecer que está desempregado

BIS {
F#m7   F#m7(#5)
Você   merece, você merece
F#m6   F#m7(#5)
Tudo vai bem, tu___do legal
Bm7(9)   E7(9)
Cerveja, samba e amanhã seu Zé
F#m7(9)   B7(13)
Se acabarem teu carnaval
}

F#m7   B7
Você deve aprender a baixar a cabeça
F#m7   B7(#11)
E dizer sempre muito obriga___do
F#m7   B7
São palavras que ainda te deixam dizer
F#m7   B7   C#7(4 9)
Por ser homem bem disciplinado

F#m7   B7
Deve pois só fazer pelo bem da nação
F#m7   B7(#11)
Tudo aquilo que for ordena___do
F#m7   B7
Pra ganhar um fuscão no juízo final
F#m7   B7   C#7(4 9)
E diploma de bem comportado

BIS {
F#m7   F#m7(#5)
Você   merece, você merece
F#m6   F#m7(#5)
Tudo vai bem, tu___do legal
Bm7(9)   E7(9)
Cerveja, samba e amanhã seu Zé
F#m7(9)   B7(13)
Se acabarem teu carnaval
}

F#m7   F#m7(#5)
Você   merece, você merece
F#m6   F#m7(#5)
Tudo vai bem, tu___do legal
F#m7   F#m7(#5)
E um fuscão no juízo final
F#m6   F#m7(#5)
Você merece,
F#m7   F#m7(#5)
E diploma de bem comportado
F#m6   F#m7(#5)
Você   merece, você merece
(fade out)

♩ = 61

| F#m7 | B7 | F#m7 | B7(#11) | Voz |

Vo - cê

% F#m7   B7

de - ve no - tar___ que não tem mais tu - tu___ E di-
de - ve_es - tam - par___ sem - pre_um ar de_a - le - gria___ E di-
de - ve_a - pren - der___ a_a - bai - xar a ca - be___ - ça E di-
pois só fa - zer___ pe - lo bem da na - ção___ Tu - do_a-

F#m7   B7(#11)   F#m7

-zer que não_es - tá preo - cu - pa_____ - do Vo - cê de - ve lu - tar___ pe - la
-zer tu - do tem me - lho - ra_____ - do Vo - cê de - ve re - zar___ pe - lo
-zer sem - pre mui - to_o - bri - ga_____ - do São pa - la - vras que_a - in___ da te
-qui - lo que for or - de - na - do Pra ga - nhar um fus - cão___ no ju-

B7   F#m7   B7   C#7/4(9)
                                                              1., 3.

xe - pa da fei___ - ra E di - zer que_es - tá re - com - pen - sa - do Vo - cê
bem do pa - trão___ E_es - que - cer que_es - tá de - sem - pre
dei - xam di - zer___ Por ser ho - mem bem dis - ci - pli - na - do De - ve
-i - zo fi - nal___ E di - plo - ma de bem com - por-

B7   C#7/4(9)   F#m7   F#m7(#5)
2., 4.

Vo - cê___ me - re - ce vo - cê me - re - ce
-ga - do
-ta - do

F#m6   F#m7(#5)   Bm7(9)

Tu - do vai bem tu___ - do le - gal___ Cer - ve - ja sam - ba_e_a - ma-

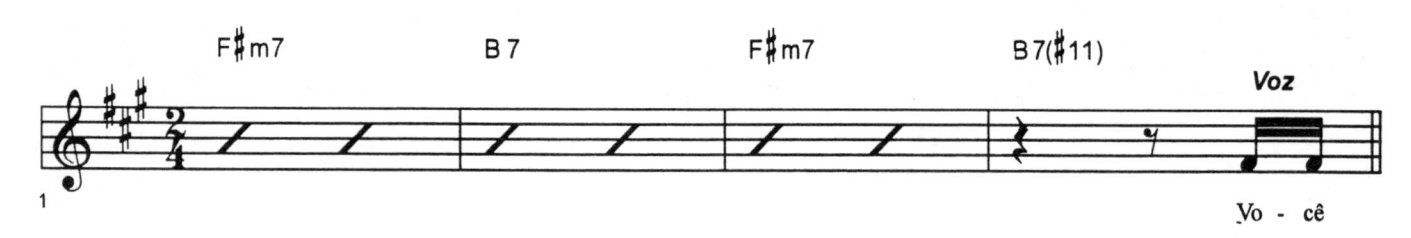

E 7(9) F♯m7(9) B 7(13)
19
-nhã seu Zé Se‿a - ca - ba - rem teu car - na - val Vo - cê me - re -
F♯m7 F♯m7(♯5) F♯m6
22
-ce vo - cê me - re - ce tu - do vai bem tu -
F♯m7(♯5) B m7(9) E 7(9)
25
-do le - gal cer - ve - ja sam - ba‿e‿a - ma - nhã seu Zé se‿a - ca -
F♯m7(9) B 7(13) F♯m7 B 7(♯11)
28
-ba - rem teu car - na - val Vo - cê
Ao 𝄋 e 𝄌
B 7(13) F♯m7 F♯m7(♯5)
32
Vo - cê me - re - ce vo - cê me - re - ce
F♯m6 F♯m7(♯5) F♯m7
35
Tu - do vai bem tu - do le - gal E‿um fus - cão no ju -
F♯m7(♯5) F♯m6 F♯m7(♯5) F♯m7
38
-i - zo fi - nal Vo - cê mr - re - ce E di - plo - ma de bem com - por -
F♯m7(♯5) F♯m6 F♯m7(♯5)
42
-ta - do Vo - cê me - re - ce Vo - cê
Fade out

Sangrando

GONZAGA JÚNIOR

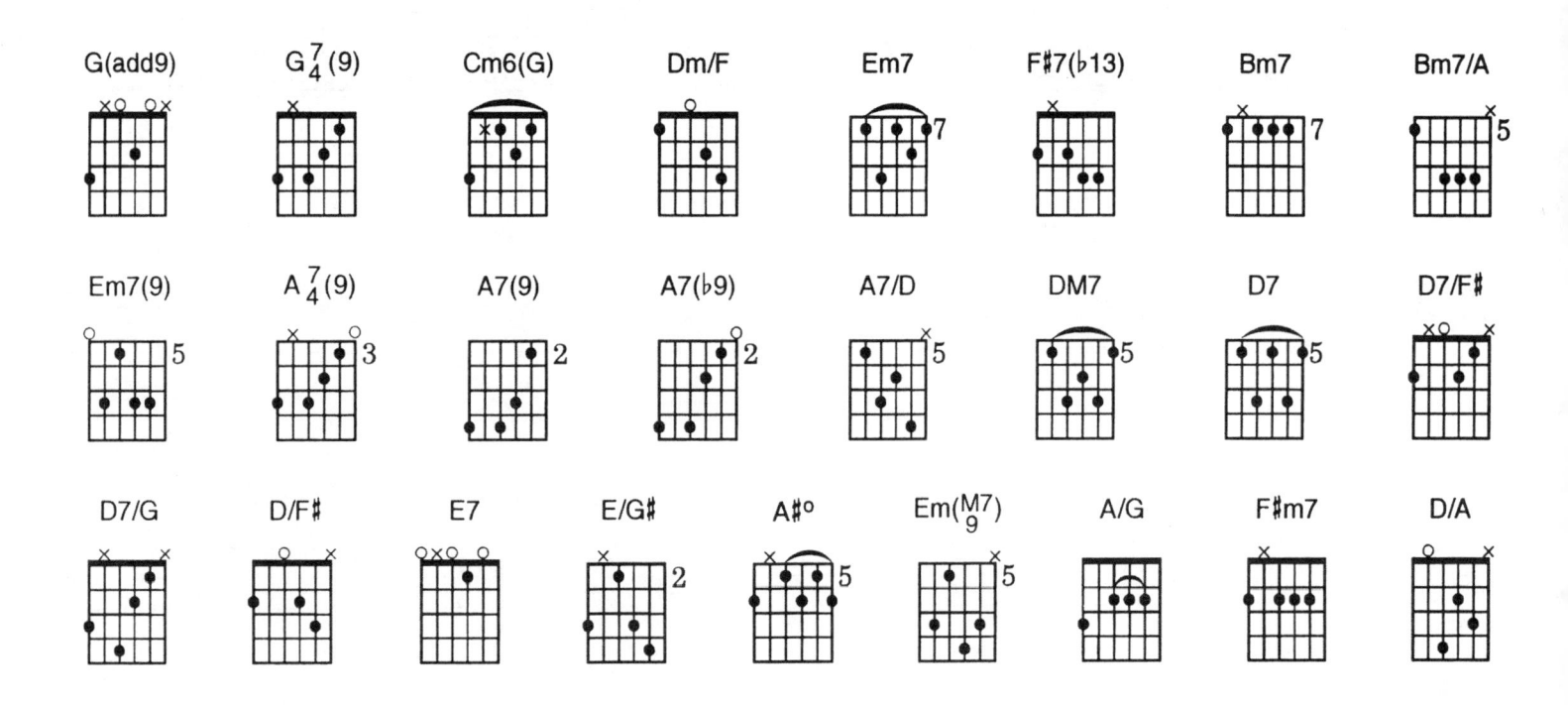

Introdução: **G(add9)   G7(4 9)   Cm6/G**
G(add9)   Dm/F   Em7   F#7(b13)

Bm7
  Quando eu soltar a minha voz **Bm/A**
  Em7(9)
  Por favor, entenda
A7(4 9)
  Que palavra por palavra
    A7(9)   A7(b9)   A7/D DM7
  Eis aqui uma pessoa se entregan__do
D7   **D7/F#**
  Coração na boca, peito aberto
       D7/G G(add9) D/F#
  Vou sangran__do
E7   **D/F#**   **E/G#**
  São as lutas dessa nossa vi___da
            A7(4 9) A7(9) A#°
  Que eu estou cantan____do

Bm7   **Bm/A**
  Quando eu abrir minha garganta
       EmM7(9)   Em7(9)
  Essa força tan_____ta
A7(4 9)   **A7(9)**
  Tudo o que você ouvir
          A7(b9) A7/D   DM7
  Esteja certa   estarei viven__do
D7   **D7/F#**
  Veja o brilho dos meus olhos

            G(add9)   **D/F#**
  E o tremor nas minhas mãos
E7   **D/F# E/G#**
  E o meu corpo tão suado
               A7(4 9)   **A7(9)**
  Transbordando toda raça e emoção

       DM7   **F#7(b13)**
  E se eu chorar e o sal molhar
            G(add9)   A7(9)
  O meu sorri_____so
         Em7(9)
  Não se espante, cante
         A7(4 9)
  Que o teu canto
            A/G   **F#m7 Em7(9) A7(4 9)**
BIS{ É minha força pra cantar
         DM7   **F#7(b13)**
  Quando eu soltar a minha voz
                G(add9) A7(9)
  Por favor, enten____da
Em7(9)   **A7(4 9)**
  E apenas o meu jeito de viver
            G(add9) D/A
  O que é amar

Sangrando

GONZAGA JÚNIOR

♪ = 80

Lyrics:

Quan-do eu sol-tar a mi-nha voz Por fa-vor___ en - ten - da
Que pa-la-vra por pa-la-vra Eis a-qui u-ma pes-so-a se_en-tre-gan-do
Co-ra-ção na bo-ca, pei-to_a-ber-to Vou san-gran-do São as lu-tas
des-sa nos-sa vi-da___ Que_eu es-tou can-tan-do Quan-do eu a-brir mi-nha gar-
-gan-ta Es-sa for-___ça tan - ta Tu-do_o que vo-cê___ ou-vir Es-te_-ja cer-ta

©Copyright by EDIÇÕES MUSICAIS MOLEQUE LTDA.
Todos os direitos autorais reservados para todos os países. All rights reserved.

A7/D D M7 D7 D7/F♯
es - ta - rei vi - ven - do Ve - ja o bri - lho dos meus o - lhos E o tre -
G(add9) G(add9) D/F♯ E7
-mor nas mi - nhas mãos E o meu cor - po tão su -
D/F♯ E/G♯ A7/4(9) A7(9)
-a - do Trans - bor - dan - do to - da ra - ça e e - mo - ção E
D M7 F♯7(♭13) G(add9) A7(9)
se eu cho - rar e o sal mo lhar O meu sor ri so Não se es -
E m7(9) A7/4(9) A/G F♯m7
-pan - te, can - te Que o teu can - to É mi - nha for - ça pra can - tar
E m7(9) A7/4(9) D M7 F♯7(♭13)
Quan - do eu sol - tar a mi - nha voz Por fa - vor en -
G(add9) A7(9) E m7(9) A7/4(9)
-ten - da É a - pe - nas o meu jei - to de vi - ver O que é a -
G(add9) D/A G(add9) D/A
1. 2.
-mar E -mar

Caminhos do coração

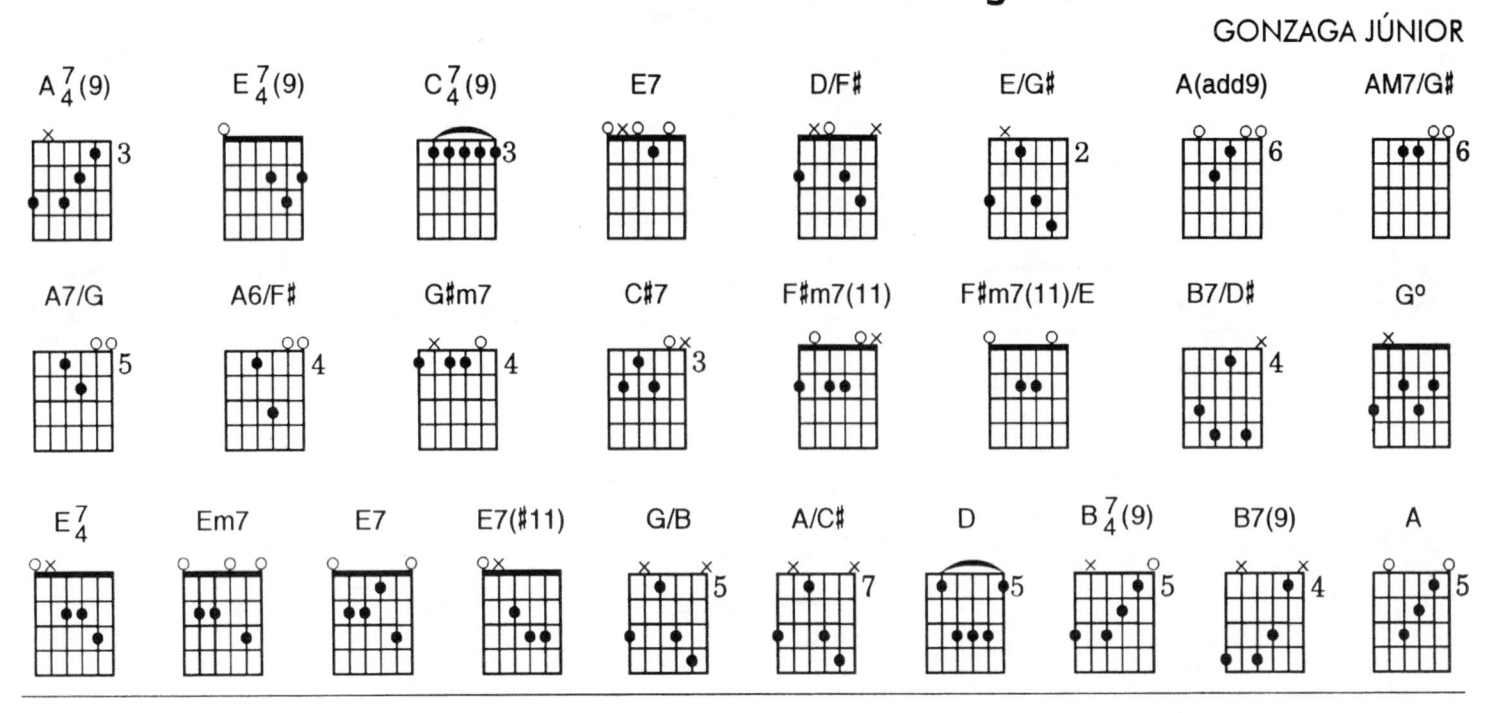

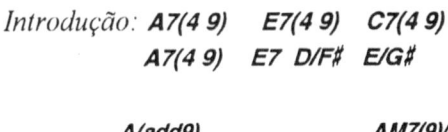

GONZAGA JÚNIOR

Introdução: **A7(4 9)** **E7(4 9)** **C7(4 9)**
A7(4 9) **E7 D/F# E/G#**

    A(add9)   **AM7(9)/G#**
Há muito tempo que eu saí de ca___sa
    A7(9)/G   **A6 9/F#**
Há muito tempo que eu caí na estra___da
   G#m7   **C#7**   **F#m7(11)**
Há muito tempo que eu estou na vi___da
  F#m(11)/E **B7/D#**
Foi assim que eu quis
          E7 D/F# G°
E assim eu sou feliz

  E7(4)   **Em7**
Principalmente por poder voltar
   E7
A todos os luga___res
   E7(4)
Onde já cheguei
  E7(#11)   **Em7**
Pois lá deixei um prato de comi___da

Um abraço amigo
  E7(4)   **E7**
Um canto pra dormir e sonhar

   A(add9)   **AM7(9)/G#**
E aprendi que se depende sem___pre
   A7(9)/G   **A6 9/F#**
De tanta, muita diferente gen___te
   G#m7   **C#7**   **F#m7(11)**
Toda a pessoa sempre é as mar___cas
  F#m(11)/E **B7/D#**
Das lições di___árias
           E7 D/F# G°
De outras tantas pessoas

  E7(4)   **Em7**
E é tão bonito quando agente entende
   E7
Que a gente é tanta gente
           E7(4)
Onde quer que a gente vá
  E7(#11)   **Em7**
É tão bonito quando a gente sente
     E7(4)
Que nunca está sozinho
     E7
Por mais que pense estar

BIS {
   A(add9)   **A7(4 9)**   **A(add9)**
É tão bonito quando a gente pisa fir___me
   A7(4 9)
Nessas linhas que estão
 A(add9)   **A7(4 9)**   **A(add9) G/B A/C#**
Nas palmas de nossas mãos
    D   **G#m7**   **C#7** **F#m7(11)**
É tão bonito quando a gente vai à vi___da
  F#m(11)/E **B7(4 9)**
Nos caminhos onde ba___te
   B7(9)   **A(add9)** **E7(4 9)**
Bem mais forte o coração,   oi
}

Na repetição:
     E7(4 9)   **A**
Bem mais forte o coração
A7(4 9) **A** **A7(4 9)**   **A7(4 9)**
O coração ,   o coração

Instrumental: **A7(4 9)** **E7(4 9)**
            C7(4 9) **A7(4 9)**

E aprendi que se depende *(etc.)*

Há muito tempo que eu saí de casa
Há muito tempo que eu caí na estrada
Há muito tempo que eu estou na vida
Foi assim que eu quis
E assim eu sou feliz
Principalmente por poder voltar
A todos os lugares onde já cheguei
Pois lá deixei um prato de comida
Um abraço amigo, um canto pra dormir e sonhar
E apren-

| A(add9) | AM7(9)/G# | A7(9)/G |

-di que se de-pen-de sem——pre—— De tan-ta mui-ta di-fe-ren-te gen——

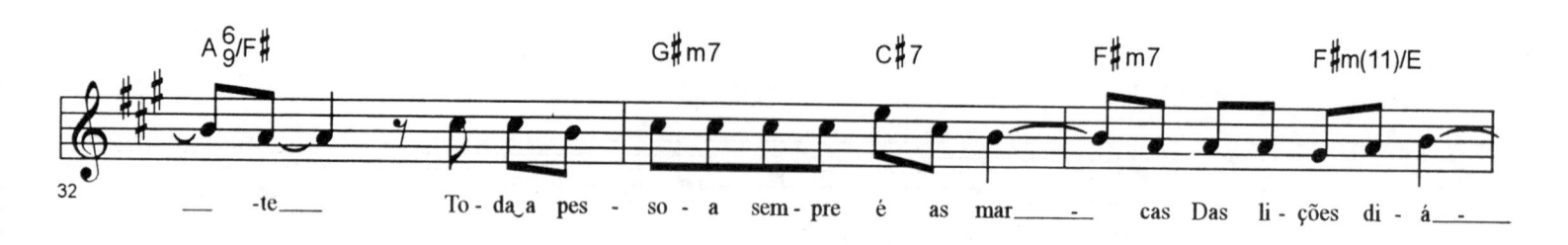

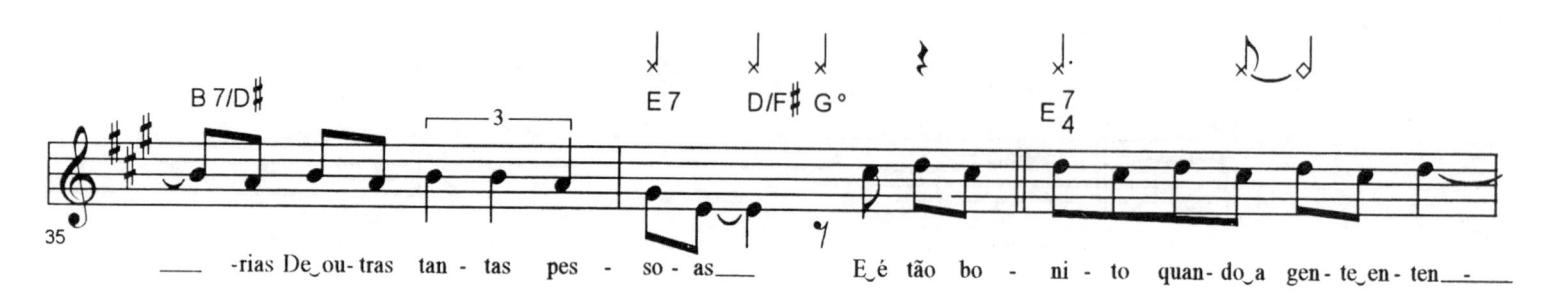

| A6/9/F# | G#m7 | C#7 | F#m7 | F#m(11)/E |

——-te—— To-da a pes-so-a sem-pre é as mar——-cas Das li-ções di-á——

| B7/D# | E7 D/F# G° | E7/4 |

——-rias De ou-tras tan-tas pes-so-as—— E é tão bo-ni-to quan-do a gen-te en-ten——

simile | Em7 | E7 | E7/4 |

——-de Que a gen-te é tan-ta gen-te On-de quer que a gen-te vá—— É tão bo-

| E7(#11) | Em7 | E7/4 | E7 |

-ni-to quan-do a gen-te sen——-te Que nun-ca es-tá so-zi-nho Por mais— que pen-se es-tar É tão bo-

| A(add9) | A7/4(9) | A(add9) | A7/4(9) | A(add9) | A7/4(9) |

-ni-to quan-do a gen-te pi-sa fir——-me Nes-sas li-nhas que es-tão Nas pal-mas de nos-sas mãos——

| A(add9) G/B A/C# | D | G#m7 C#7 |

—— É tão bo-ni-to quan-do a gen-te vai à vi——

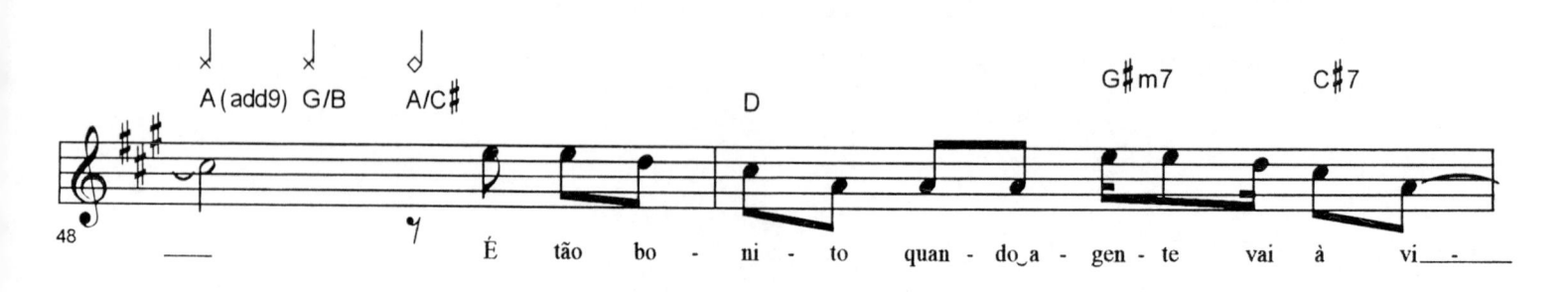

-da Nos caminhos onde ba - te Bem mais forte o coração oi É tão bo-nito quando a gente pisa firme Nessas linhas que estão Nas palmas de nossas mãos É tão bonito quando a gente vai à vi- -da Nos caminhos onde ba - te Bem mais forte o coração

O cora - ção o cora - ção.

E apren-

Rep. ad libitum

Fade out

Espere por mim

GONZAGA JÚNIOR

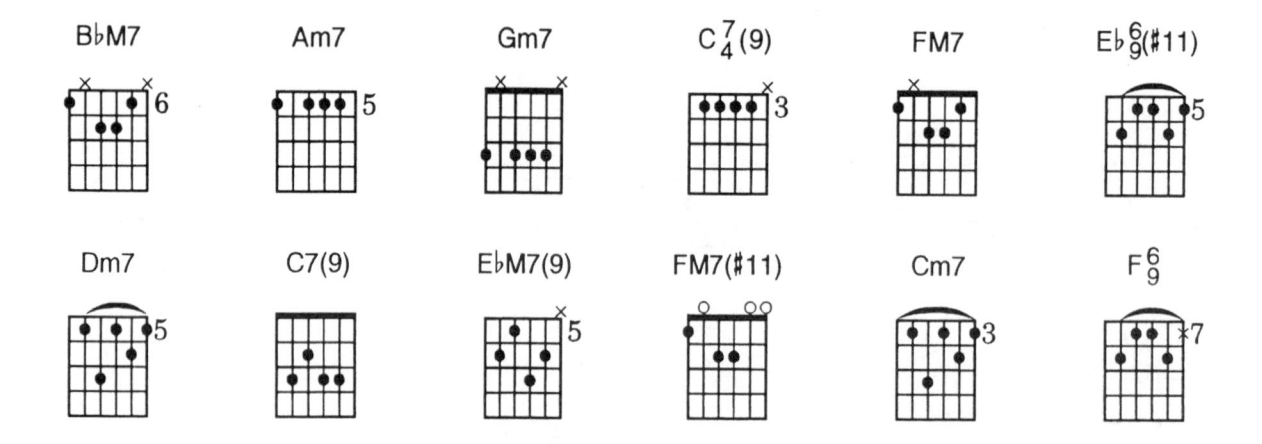

Introdução (duas vezes): BbM7 Am7 Gm7
C7(4 9) FM7 Eb6 9(#11) Dm7 C7(4 9)

   BbM7   Am7
Espere por mim, more__na
   Gm7   C7(4 9)   FM7(#11)
Espere que eu chego já
           EbM7(9)   Dm7
O amor por você, more__na
      Cm7   BbM7
Faz a saudade me apressar

  Am7   Gm7   FM7
Espere por mim, more__na
 EbM7   Dm7
Espere que eu chego já
         C7(4 9)   BbM7
O amor por você, more__na
    Cm7   F6 9
Faz a saudade me apressar

   BbM7   Am7
Tire um sono na re__de
   Gm7 C7(9) FM7
Deixa a porta encosta___da
  Cm7   BbM7
Que o vento da madruga__da
  Dm7   C7(4 9)
Já me leva pra você
  BbM7   Am7
E antes de acontecer
   Gm7 C7(9)   FM7
O sol a barra vir   quebrar
  EbM7(9)   Dm7
Estarei nos seus bra__ços

   Cm7   BbM7
Para nunca mais voar
   Am7 Gm7 FM7
E nas noites de   fri___o
   EbM7(9)   Dm7
Serei o teu cobertor
   Cm7   BbM7
Quentarei teu cor___po
Dm7   C7(4 9)
Com meu calor
        BbM7   Am7
Ah! Minha santa, te ju___ro
     Gm7   C7(4 9)   FM7
Por Deus   Nosso   Senhor
    EbM7(9)   Dm7
Nunca mais, minha more__na
   Cm7   BbM7
Vou fugir do teu amor

REPETIR e fade out:
  Am7   Gm7   FM7
Espere por mim, more__na
 EbM7   Dm7
Espere que eu chego já
       C7(4 9)   BbM7
O amor por você, more__na
    Cm7   F6 9
Faz a saudade me apressar

Espere__ por mim, more__-na__ Espere__ que eu chego já____ O amor por você, more__-na Faz a saudade me apresar

Ti— re um sono na re__-de Deixa a porta encosta__-da Que o vento__ da madruga__-da__ Já__ me

leva pra você   E antes de acontecer
O sol a barra vir quebrar   Esta-
-rei nos seus braços   Para nunca mais voar   E nas
noites de frio   Serei o teu cobertor   Quenta-
-rei teu corpo   Com meu calor   Ah!   Minha
santa, te juro   Por Deus   Nosso Senhor
Nunca mais, minha morena
Vou fugir do teu amor   Es-

Ao §
repetindo até acabar
em Fade Out
(c/ harmonia da 2ª vez)

Começaria tudo outra vez

GONZAGA JÚNIOR

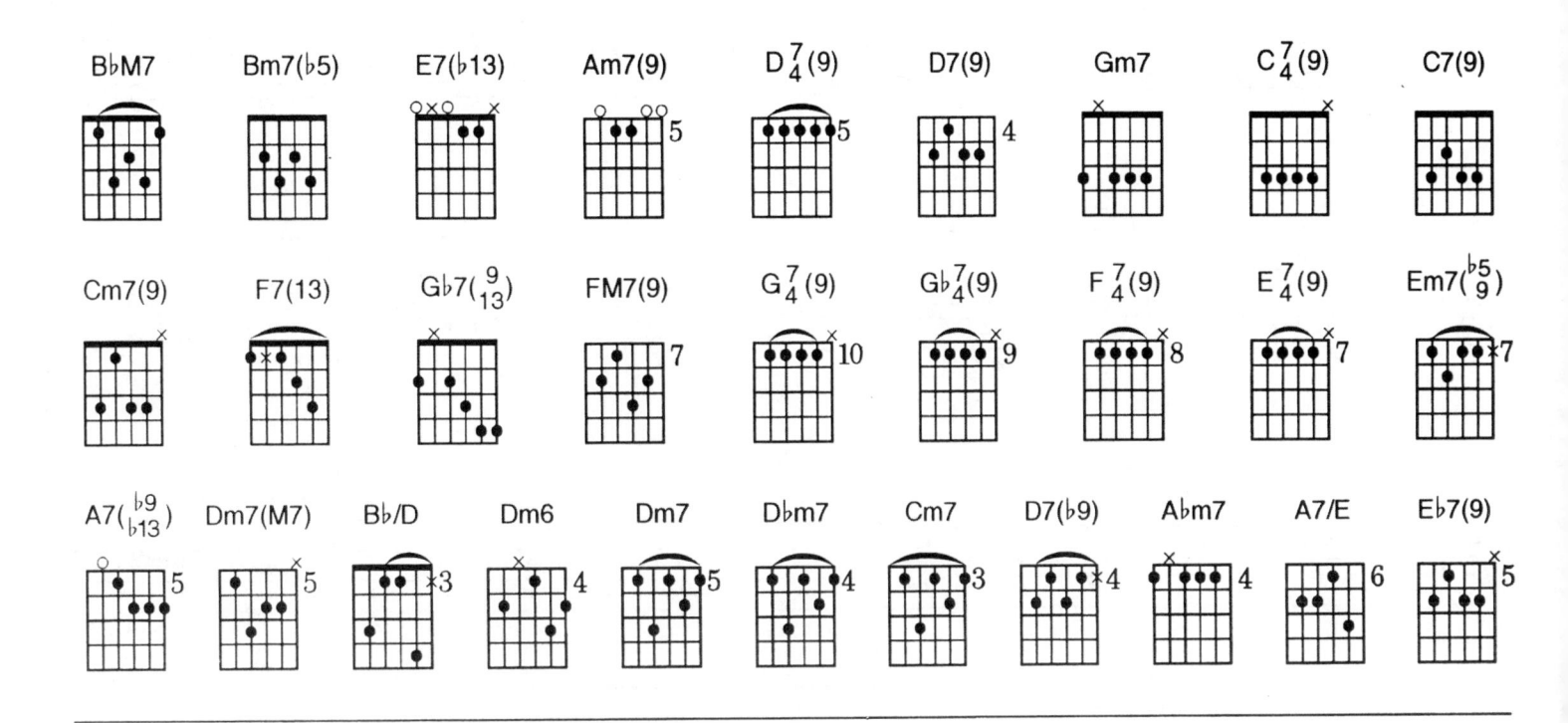

Introdução (instrumental):
```
BbM7   Bm7(b5)   E7(b13)   Am7(9)    D7(4 9)   D7(9)
Gm7    C7(4 9)   C7(9)     Cm7(9)    F7(13)
BbM7   Bm7(b5)   E7(b13)   Am7(9)    D7(4 9)   D7(9)
Gm7    C7(4 9)   C7(9)     Gb7(9 13)
```

      FM7(9)
Começaria tudo outra vez

G7(4 9) Gb7(4 9) F7(4 9) E7(4 9) Em7(b5 9)   A7(b9 b13)
Se   pre___ci____so   fosse meu amor

              Dm(M7)   Bb/D
A chama em meu peito ainda queima

Dm6 Dm7 Dbm7 Cm7 F7(13)
Saiba, nada foi em vão

      BbM7   Bm7(b5)
A cuba libre da coragem em minhas mãos

    E7(b13) Am7(9)   D7(4 9)
A dama de lilás me machucando o coração

   D7(9)   Gm7
Na sede de sentir

   Abm7   Gm7   C7(9)   FM7(9)   C7(9)
Seu corpo inteiro coladinho ao meu

            FM7(9)   A7/E   Eb7(9)
E então eu cantaria   a noite inteira

G7(4 9) Gb7(4 9) F7(4 9) E7(4 9) Em7(b5 9)   A7(b9 b13)
Co____mo   já   can____tei,   cantarei

              Dm(M7)   Bb/D   Dm6
As coisas todas que já   tive, tenho e sei

    Dm7   Dbm7   Cm7   F7(13)
Um dia   te____rei

       BbM7
A fé no que virá

            Bm7(b5)   E7(b13)   Am7(9)
E a alegria de poder olhar pra trás

             D7(4 9)   D7(b9)
E ver que voltaria

         Gm7 Abm7 Gm7   C7(9)   Cm7(9)   F7(13)
Com você de novo viver nesse imenso salão

VÁRIAS VEZES:

            BbM7
Ao som desse bolero

         Bm7(b5)
Vida vamos nós

    E7(b13)   Am7(9)   D7(4 9)
E não estamos sós, veja meu bem

    D7(b9)   Gm7   Abm7
A orquestra nos espera, por favor

          Gm7 C7(9)   Cm7(9)   F7(13)
Mais uma vez   recomeçar

(fade out)

Começaria tudo outra vez

♩ = 90

GONZAGA JÚNIOR

Instrumental

BbM7	Bm7(b5)	E7(b13)	Am7(9)	D7/4(9)	D7(9)
Gm7	C7/4(9) [1.]	C7(9)	Cm7(9)	F7(13)	
C7/4(9) [2.]	C7(9)	Gb7(9/13)			*Voz*

Co - me - ça - ri - a

| FM7(9) | G7/4(9) Gb7/4(9) F7/4(9) E7/4(9) | Em7(b5/9) |

tu - do ou - tra vez   Se pre - ci - so fos - se meu a - mor___

| A7(b9/b13) | Dm(M7) Bb/D | Dm6 Dm7 Dbm7 | Cm7 |

___ A cha - ma em meu pei - to ain - da quei - ma   Sai - ba na - da foi em vão

| F7(13) | BbM7 | Bm7(b5) E7(b13) |

A cu - ba li - bre da co - ra - gem em mi - nhas mãos   A da - ma___ de li-

| Am7(9) | D7/4(9) D7(b9) | Gm7 Abm7 |

-lás me ma - chu - can - do o co - ra - ção   Na se - de___ de sen - tir   Seu cor - po in-

©Copyright by EDIÇÕES MUSICAIS MOLEQUE LTDA.
Todos os direitos autorais reservados para todos os países. All rights reserved.

G m7 C 7(9) F M7(9) C 7(9)
-tei - ro co - la - di - nho‿ao meu E‿en - tão eu can - ta -
F M7(9) A 7/E E♭7(9) G 7/4(9) G♭7/4(9) F 7/4(9) E 7/4(9) E m7(♭5/9)
-ri - a a noi - te‿in - tei - ra Co - mo já can - tei can - ta -
A 7(♭9/♭13) D m(M7) B♭/D D m6 D m7 D♭m7
-rei As coi - sas to - das que já ti - ve, te - nho‿e sei Um di - a te -
C m7 F 7(13) B♭M7
-rei A fé no que vi - rá E‿a - le - gri - a
B m7(♭5) E 7(♭13) A m7(9) D 7/4(9) D 7(♭9)
de po - der o - lhar pra trás E ver que vol - ta - ri - a Com vo -
G m7 A♭m7 G m7 C 7(9) C m7(9) F 7(13)
-cê de no - vo vi - ver nes - se‿i - men - so sa - lão Ao som des - se bo -
Rep. ad libitum
B♭M7 B m7(♭5) E 7(♭13) A m7(9) D 7/4(9) D 7(♭9)
-le - ro Vi - da va - mos nós E não es - ta - mos sós ve - ja meu bem A‿or - ques - tra nos es -
G m7 A♭m7 G m7 C 7(9) C m7(9) F 7(13)
-pe - ra por fa - vor Mais u - ma vez re - co - me - çar Ao som des - se bo-
Fade out

Ponto de interrogação

GONZAGA JÚNIOR

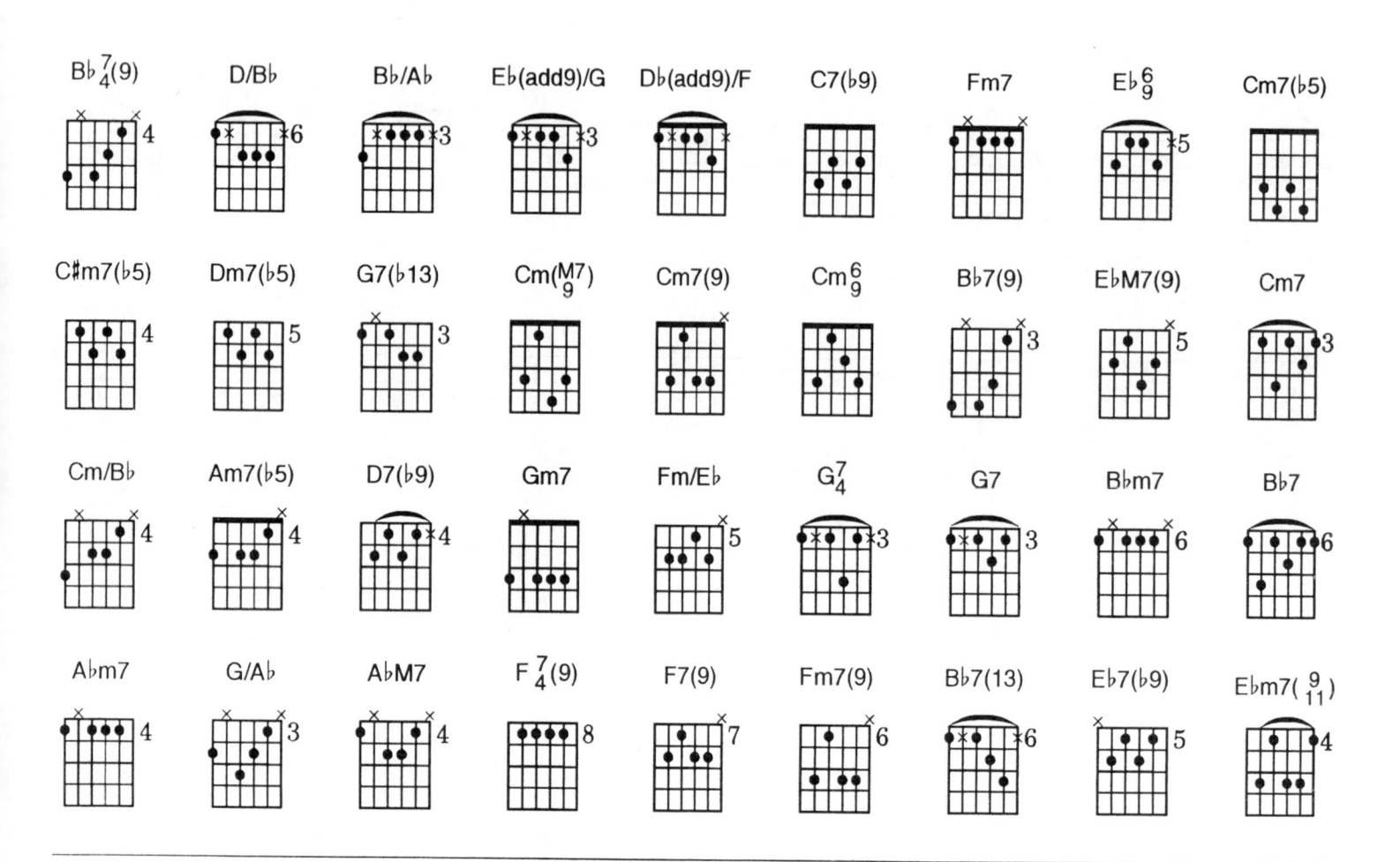

Introdução: Bb7(4 9) D/Bb Bb/Ab Eb(add9)/G Db(add9)/F C7(b9)
Fm7 Db(add9)/F D/Bb Eb6 9 Cm7(b5) C#m7(b5)

Dm7(b5)
Por acaso algum dia
 G7(b13)
Você se importou
  Cm(M7 9) **Cm7(9)** **Cm6(9)**
Em saber se ela tinha vonta___de ou não
 Fm7 **Bb7(4 9)** **Bb7(9)**
E se tinha e transou, você tem a certeza
 EbM7(9) **Cm7**
De que foi uma coisa maior
 Cm/Bb
Para dois
Am7(b5)
Você leu em seu rosto
 D7(b9) **Gm7** **C7(b9)**
O gosto, o fogo, o gozo da festa
  Fm7 **Fm/Eb**
E deixou que ela visse em você
   Dm7(b5) **G7(4) G7**
Toda dor do infini____to prazer

Dm7(b5)   **G7(b13)**
E se ela deseja e você não deseja
 Cm(M7 9) Cm7(9) **Cm6(9)**
Você nega, alega cansaço ou vira de lado
Bb7(4 9)   **Bbm7 Bb7**
Ou se deixa levar na roti__na
   EbM7(9)
Tal qual um menino tão só
 Cm7 **Cm/Bb**
No antigo banheiro
Am7(b5)
Folheando revistas
 D7(b9)
Comendo as figuras
 Gm7
As cores das fotos
    C7(b9)
Te dando a completa emoção
  Fm7   **Fm/Eb**
São perguntas tão tolas de uma pessoa

        Dm7(b5)
Não ligue, não ouça
                G7(4) G7
São pontos de interrogação

Dm7(b5)
E depois desses anos
G7(b13)
No escuro do quarto
Cm(M7 9)   **Cm7(9)**
Quem te diz que não é
      Cm6(9)
Só o vício   da obrigação
       Bb7(4 9)
Pois com a outra você faz de tudo
  D/Bb   **Eb(add9)/G**
Lembrando daquela tão santa
  Db(add9)/F   **C7(b9)**
Que é dona do teu coração

            Fm7(9)   **Abm7 G/Ab**
       Eu preciso é ter consciência
                   EbM7(9) AbM7
       Do que eu represento
             Gm7
       Neste exato momento
BIS   **C7(b9)**   **F7(4 9)**
       No exato instante
          F7(9)   **Fm7(9)**
       Na cama, na lama, na grama
      Abm7   **Bb7(13)**   **EbM7(9)**   **Bbm7 Eb7(b9)**
       Em que eu tenho uma vida inteira nas mãos

Instrumental: **Bb7(4 9) D/Bb Bb/Ab Eb(add9)/G**
                  Db(add9)/F C7(b9)
                  Fm7 Abm7 D/Bb Ebm7(911)

♩ = 95

[Music notation with Trombone and Voz parts, chords: Bb7/4(9), D/Bb, Bb/Ab, Eb(add9)/G, Db(add9)/F, C7(b9), Fm7, Db(add9)/F, D/Bb, Eb6/9, Cm7(b5), C#m7(b5), Dm7(b5), G7(b13), Cm(M7/9), Cm7(9), Cm6/9, Fm7, Bb7/4(9), Bb7(9)]

Lyrics: Por a-ca-so al-gum di-a Vo-cê se im-por-tou Em sa-ber se e-la ti-nha von-ta-de ou não E se ti-nha e tran-sou, você tem a cer-te-za De que

©Copyright by EDIÇÕES MUSICAIS MOLEQUE LTDA.
Todos os direitos autorais reservados para todos os países. All rights reserved.

foi u-ma coi-sa mai-or   Pa-ra dois   Vo-cê leu em seu ros-to___ O gos-to, o fo-go,___ o go-zo da fes___-ta___ E dei-xou que___ e-la vis-se___ em vo-cê   To-da dor do_in-fi-ni_____to___ pra-zer_____

E se e-la de-se-ja e vo-cê não de-se-ja   Vo-cê ne-ga, a-le-ga can-sa-ço___ ou vi-ra de la-do   Ou se dei-xa le-var na ro-ti___-na___ Tal qual um me-ni-no tão só   No an-ti-go ba-nhei-ro Fo-lhe-an-do re-vis-tas___ Co-men-do_as fi-gu-ras___ As co-res das fo-tos Te dan-do a com-ple-ta e-mo-ção___ São per-gun-tas tão to-las de u-ma pes-so-a___ Não li-gue, não

ou-ça São pon-tos de in-ter-ro-ga-ção E de-pois des-ses a-nos
No es-cu-ro do quar-to Quem te diz que não é Só o ví-cio da o-bri-ga-ção Pois com a
ou-tra vo-cê faz de tu-do Lem-bran-do da-que-la tão san-ta Que é
do-na do seu co-ra-ção Eu pre-ci-so é ter cons-ci-ên-cia Do que eu re-pre-
-sen-to Nes-te e-xa-to mo-men-to No e-xa-to ins-tan-te Na ca-ma, na la-ma, na
gra-ma Em que eu te-nho u-ma vi-da in-tei-ra nas mãos nas mãos

rall.

Eu apenas queria que você soubesse

GONZAGA JÚNIOR

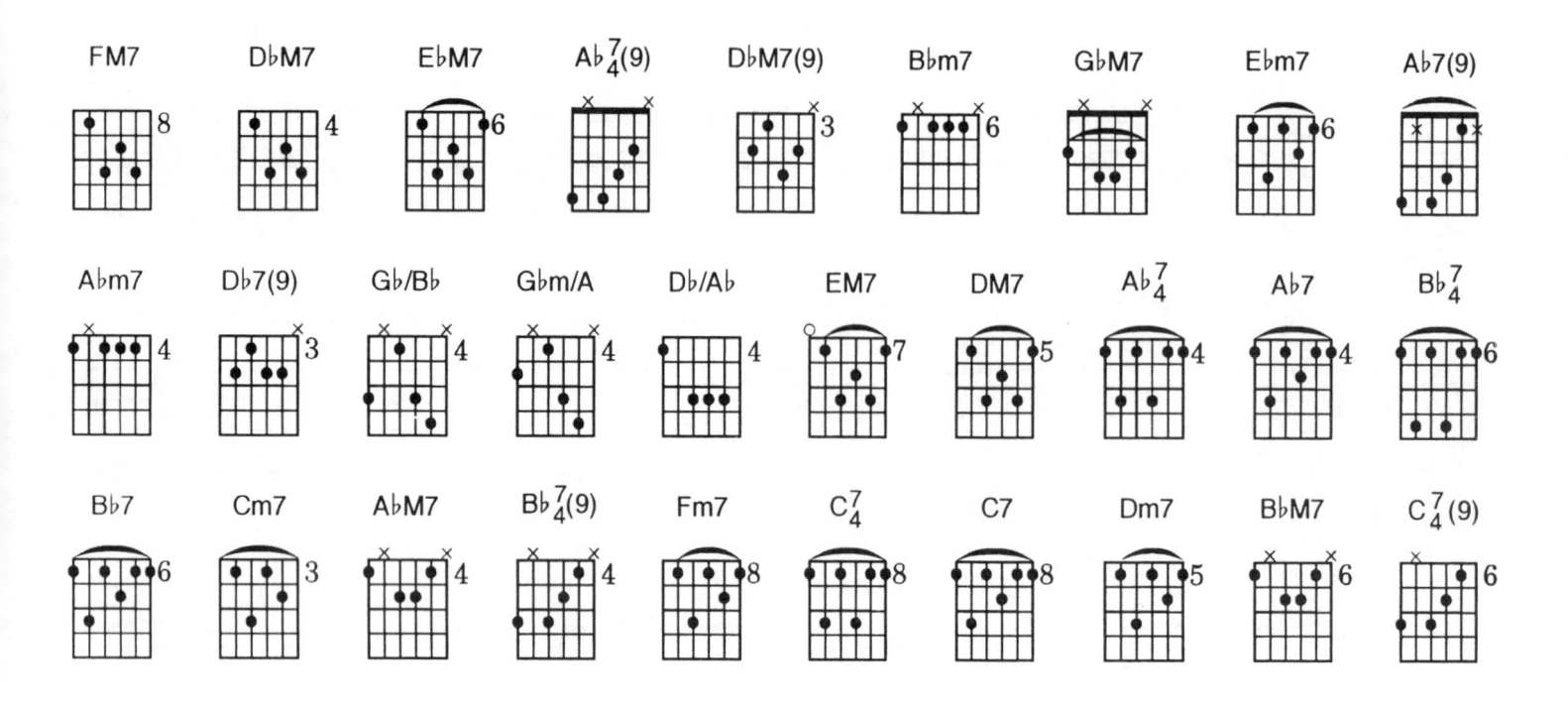

Introdução: (solo de assovio)
FM7   DbM7   EbM7   Ab7(4 9)

   DbM7
Eu apenas queria que você soubesse
   Bbm7
Que aquela alegria ainda está comigo
   GbM7
E que a minha ternura
   Ab7(4 9)
Não ficou na estrada,
   DbM7   Bbm7
Não ficou no tempo
   Ebm7   Ab7(9)
Presa na poeira

   DbM7
Eu apenas queria que você soubesse
   Bbm7
Que esta menina, hoje é uma mulher
   GbM7
E que esta mulher
   Ab7(4 9)
É uma menina
   DbM7   Bbm7
Que colheu seu fru__to
   Ebm7   Ab7(9)
Flor do seu carinho

   DbM7   Abm7
Eu apenas queria dizer
   Db7(9)   Gb/Bb
A todo mun___do que me gos__ta
   Gbm/A   Db/Ab
Que hoje eu me gosto muito mais
   Bbm7   Ab7(4 9)
Porque me entendo muito mais também
   DbM7
E que a atitude de recomeçar
   Abm7   Db7(9)   Gb/Bb
É todo dia, é to___da hora
   Gbm/A
É se respeitar
   Db/Ab
Na sua força e fé
   Bbm7
Se olhar bem fundo
   DbM7 Ebm7 EM7
Até o dedão do pé

Instrumental (modulação):
DM7   Ab7(4)   Ab7   EM7   Bb7(4)   Bb7

   EbM7
Eu apenas queria que você soubesse
   Cm7
Que essa criança brinca nessa roda
   AbM7   Bb7(4 9)
E não teme o corte das novas feridas
   EbM7
Pois tem a saúde
   Cm7   Fm7 Bb7
Que aprendeu com a vida

Instrumental (modulação):
DM7   Ab7(4) Ab7   GbM7   C7(4)   C7

   FM7
Eu apenas queria que você soubesse
   Dm7
Que aquela alegria ainda está comigo
   BbM7
E que a minha ternura
   C7(4 9)
Não ficou na estrada
   FM7   Dm7
Não ficou no tempo
   C7(4 9)
Presa na poeira

Instrumental (várias vezes):
FM7   DbM7   EbM7   Ab7(4 9)   FM7
DbM7   EbM7   Ab7(4 9)   *(fade out)*

Eu apenas queria que você soubesse Que aquela alegria ainda está comigo E que a minha ternura Não ficou na estrada, Não ficou no tempo Presa na poeira Eu apenas queria que você soubesse Que esta menina, hoje é uma mulher E que es-

-ta mu-lher É u-ma me-ni-na Que co-lheu seu fru-to Flor do seu ca-ri-nho__ Eu a-pe-nas que-ri__-a di-zer__ a to-do mun__- __-do que me gos__-ta__ Que_ho-je eu me gos-to__ mui-to mais__ Por-que me_en__-ten-do mui__-to mais tam__-bém__ E que_a a-ti-tu__-de de re-co-me-çar__ É to-do di-a, to__- da ho__-ra É se res-pei-tar__ Na su-a for-ça_e fé__ Se_o_lhar bem fun__-do_A-té_o de-dão do__ pé__

Instrumental   *Voz*

Eu a-

-pe - nas que - ri - a que vo - cê sou - bes - se Que es - sa cri - an - ça brin - ca nes - sa ro - da E não te - me o cor - te das no - vas fe - ri - das Pois tem a sa - ú - de Que a - pren - deu com a vi - da

Eu a - pe - nas que - ri - a que vo - cê sou - bes - se Que a - que - la a - le - gria a - in - da es - tá co - mi - go E que a mi - nha ter - nu - ra Não fi - cou na es - tra - da Não fi - cou no tem - po Pre - sa na po - ei - ra

Rep. ad libitum

E vamos à luta

GONZAGA JÚNIOR

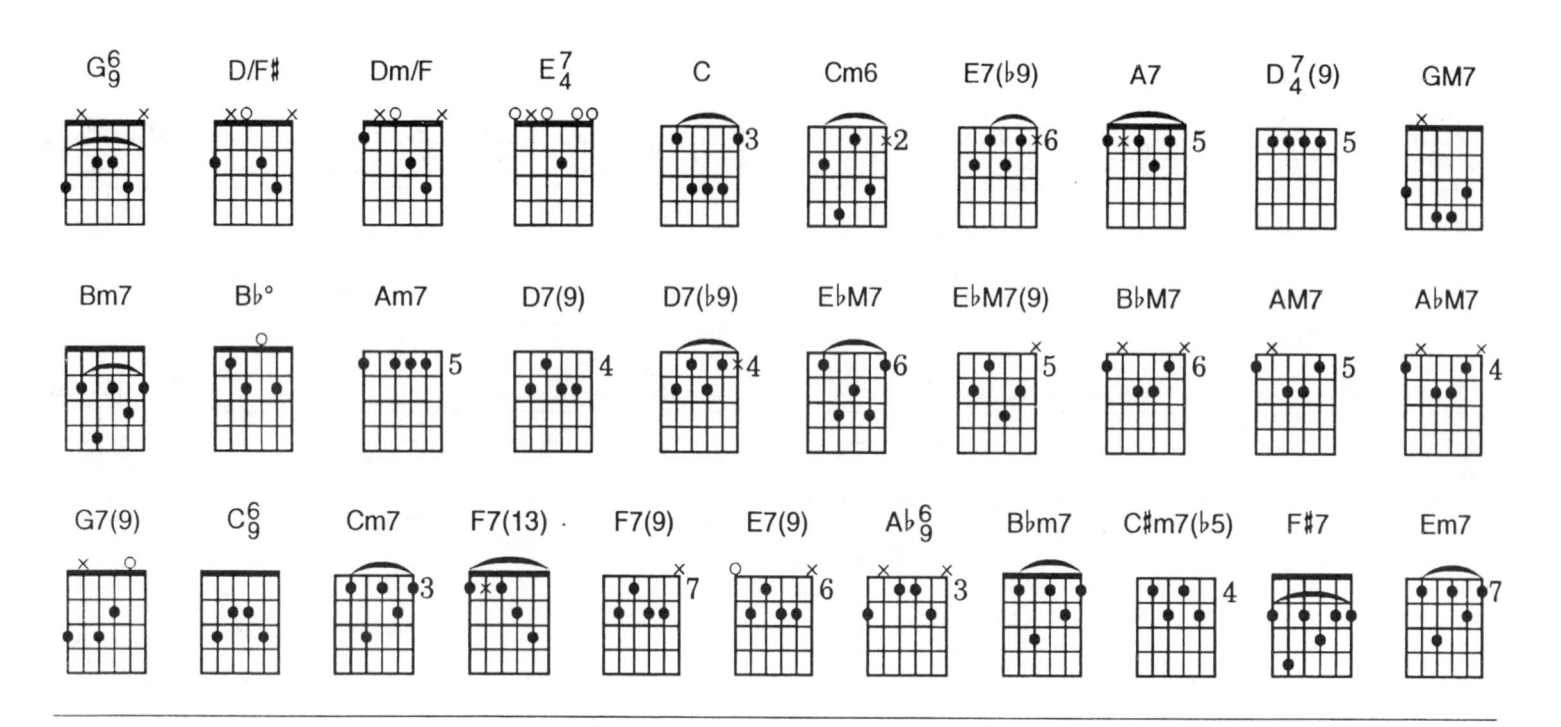

Introdução: G6 9   D/F#   Dm/F   E7(4)   C   Cm6
G6 9   E7(b9)   A7   Cm6

DUAS VEZES:

G6 9   D7(4 9)   GM7
   Eu acredi__to é na rapaziada
Bm7   Bb°   Am7   E7(b9)
   Que segue em fren__te e segura o rojão
Am7   E7(b9)   Am7 D7(9) Am7 D7(9)
   Eu ponho fé   é na fé da moçada
Am7   D7(b9)
   Que não foge da fe___ra
            GM7 EbM7 EbM7(9) BM7 AM7 AbM7
   E enfrenta o leão
GM7   D/F#   Dm/F
   Eu vou à lu___ta com essa juventude
E7(4)   G7(9)   C6 9
   Que não corre da rai___a a troco de na___da
Cm7   F7(13)   Bm7 F7(9) E7(9)
   Eu vou no blo___co dessa mocidade
Am7   D7(9)
   Que não tá na sauda__de e constrói,
            G6 9 Ab6 9 G6 9
   A manhã desejada

(na 2ª vez)   G6 9 Bm7 Bbm7
   É a manhã desejada

Am7   D7(9)   GM7
Aquele que sabe que é mes__mo o couro da gen____te
               Am7   D7(9)
Que segura a bati__da da vida
              GM7   Bm7 Bbm7
O ano intei__ro
   Am7   D7(9)   GM7 C#m7(b5)
Aquele que sabe o sufoco de um jogo tão du__ro
            F#7   Bm7
E que apesar dos pesares
            C#m7(b5) F#7   Bm7   D7(9) E7(9)
Ainda se orgulha de   ser brasilei__ro
   Am7   D7(9)   Bm7
Aquele que sai da bata__lha e entra num botequim
                  Em7
Pede uma cerva gela__da
    Am7   D7(9)
E agita na mesa
              F7(9)   E7(b9)
Uma batuca__da
   Am7   D7(9)
Aquele que manda um pago__de
            Bm7   Em7
E sacode a poeira suada da lu__ta
              Am7   D7(9)   GM7
E faz a brincadei__ra, pois o resto é bestei__ra
         D7(4 9)   G6 9
Nós esta__mos pelaí

Eu acredito é na rapaziada *(etc.)*

♩ = 98
Instrumental
G6/9 D/F♯
D m/F E7/4 C C m6
G6/9 E 7(♭9) A 7 C m6 G6/9
Voz
Eu a - cre - di -
D7/4(9) G M7 B m7 B♭°
-to é na ra-pa - zi - a - da
Que se-gue em fren - te e se-gu-ra o ro-
A m7 E 7(♭9) A m7 E 7(♭9)
-jão
Eu po - nho fé é na fé da mo-
A m7 D7(9) A m7 D7(9) A m7 D 7(♭9)
-ça - da
Que não fo - ge da fe - ra e en-fren - ta o le - ão
G M7 E♭M7 E♭M7(9) B♭M7 B♭M7 A M7 A♭M7 G M7 G M7
Eu vou à lu-

D/F♯ Dm/F E7/4 G7(9)
-ta com es- sa ju- ven - tu - de Que não cor- re da rai - a a tro - co de na-
C6/9 Cm7 F7(13)
-da Eu vou no blo - co des- sa mo - ci -
Bm7 F7(9) E7(9) Am7 D7(9)
-da - de Que não tá na sau- da - de e cons- trói,
D7(9) G6/9 A♭6/9 G6/9
A ma - nhã de - se - ja - da Eu a - cre - di-
Bm7 B♭m7 Am7 D7(9)
A - que - le que sa - be que é mes - mo o cou - ro da gen-
GM7 Am7 D7(9)
-te Que se - gu - ra a ba - ti - da da vi - da O a - no in - tei-
GM7 Bm7 B♭m7 Am7 D7(9)
-ro A - que - le que sa - be o su - fo - co de um jo - go tão du-
GM7 C♯m7(♭5) F♯7 Bm7 C♯m7(♭5) F♯7
-ro Que a - pe - sar dos pe - sa - res A - in - da se or - gu - lha de ser bra - si - lei-

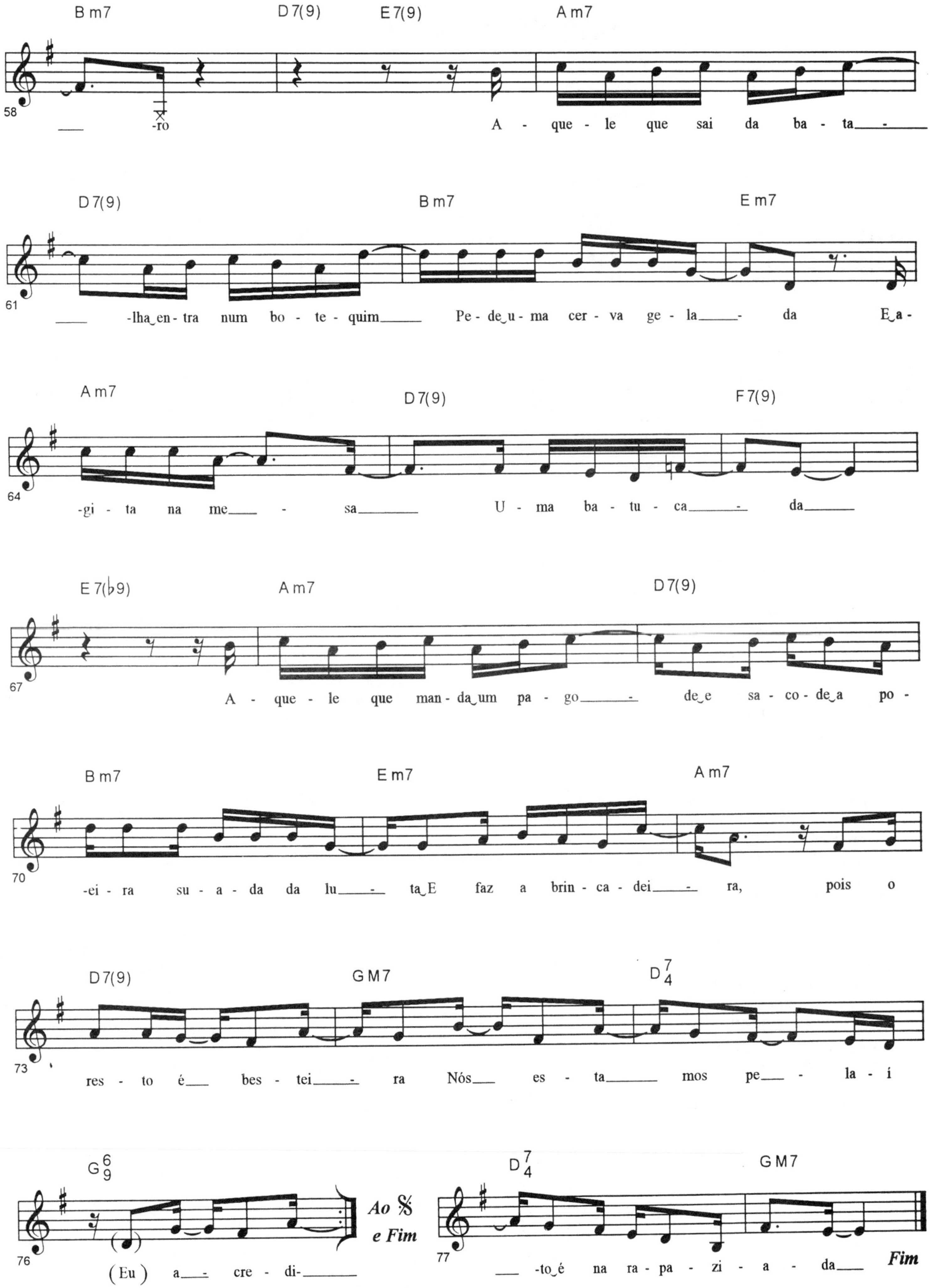
B m7 D 7(9) E 7(9) A m7
58
-ro A - que - le que sai da ba - ta
D 7(9) B m7 E m7
61
-lha͜ en - tra num bo - te - quim Pe - de͜ u - ma cer - va ge - la - da E͜ a -
A m7 D 7(9) F 7(9)
64
-gi - ta na me - sa U - ma ba - tu - ca - da
E 7(♭9) A m7 D 7(9)
67
A - que - le que man - da͜ um pa - go - de͜ e sa - co - de͜ a po -
B m7 E m7 A m7
70
-ei - ra su - a - da da lu - ta͜ E faz a brin - ca - dei - ra, pois o
D 7(9) GM7 D 7/4
73
res - to é bes - tei - ra Nós es - ta - mos pe - la - í
G 6/9 D 7/4 GM7
76
(Eu) a - cre - di-
Ao 𝄋 e Fim
77
-to͜ é na ra - pa - zi - a - da
Fim

Artistas da vida

GONZAGA JÚNIOR

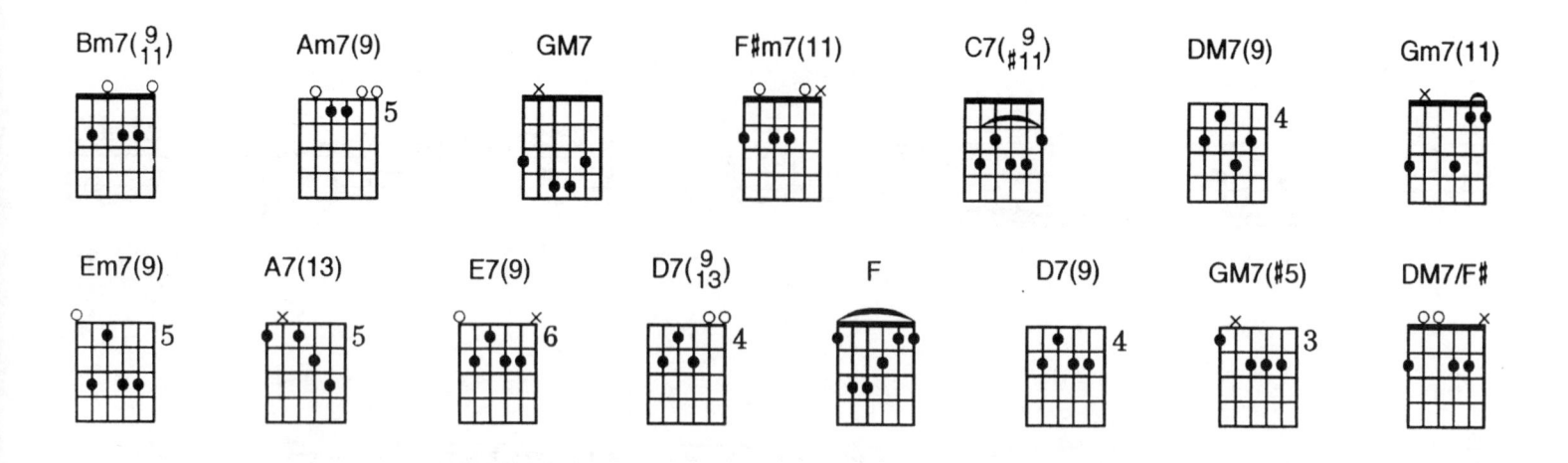

Introdução: **Bm7(9 11) Am7(9)   Bm7(9 11)   Am7(9)**
GM7   F#m7   GM7   F#m7   C7(9 #11)   Am7

DM7(9)   Gm7(11)
　Vozes de um só coração
　F#m7(11)   Am7(9)
　Igual, no riso e no amor
　Bm7(9 11)   Am7(9)
　Irmão no pranto e na dor
　Bm7(9 11)   Em7(9) A7(13)
　Na força na mesma velha emoção

　DM7(9)   Gm7(11)
Nós vamos levando esse barco
　F#m7(11)   Bm7(9)
Buscando a tal da felicidade
　Am7(9)   GM7
Pois juntos estamos no palco
　Bm7(9 11) E7(9)   Em7(9) A7(13)
Das ruas,   nas grandes cida____des
Am7(9)   D7(9 13)
Nós os milhões de palhaços
F   D7(9)   GM7(#5) GM7
Nós os milhões   de arlequins
Bm7(9 11)   E7(9)
Somos apenas pesso___as
　Bm7(9 11) E7(9)   Em7(9) A7(13)
　Somos gente,   estrelas sem fim

　　　DM7   Gm7(11)
　Sim,   somos vozes de um só coração
　　　F#m7(11)   Gm7(11)
　Pedreiros, padeiros, coristas,   passistas
　Bm7(9 11)   Am7(9)
　Malabaristas à sorte
　Bm7(9 11)   Am7(9) D7(9)
　Todos, João ou José

DUAS VEZES e fade out:
　GM7   DM7/F#
　Se nós, esses grandes artistas da vida
　　Em7(9)   A7(13) Bm7(9 11)   Am7(9) D7(9 13)
　Os equilibristas   da fé,   pois é
GM7   DM7/F#
Se nós, esses grandes artistas dessa vida
　Em7(9)   A7(13) Bm7(9 11)   Am7(9)
　Os equilibristas   da fé,   pois é

Instrumental (ad lib.): **Bm7(9 11) Am7(9)**
(fade out)

Vo - zes de um só co-ra-ção_____ I - gua-al,_____ no ri - so e no a-mor_____ Ir - mão no pran - to e na dor_____ Na for-ça da mes-ma ve___-lha__ e - mo - ção Nós va - mos le-van___-do__ es - se bar - co Bus - can - do a tal_____

da fe-li-ci-da-de___ Pois jun-tos___ es-ta-mos no pal-co___ Das ru-as, nas gran-des ci-da-des Nós os mi-lhões de pa-lha-ços Nós os__ mi-lhões__ de_ar-le-quins___ So-mos a-pe___ nas pes-so- -as___ So-mos gen-te,___ es-tre-las sem fim___ Sim, so-mos vo-zes de um só__ co-ra-ção___ Pe-drei-ros, pa-dei- -ros, co-ris-tas,___ pas-sis-tas___ Ma-la-ba-ris-tas___ à sor-te___ To-dos, Jo-ão__ ou Jo-sé___

D7(9 13) GM7 DM7/F♯
Se nós, es - ses gran - des ar - tis - tas da vi - da
Em7(9) A7(13) Bm7(9 11)
Os e - qui - li - bris - tas da fé,
Am7(9) D7(9 13) GM7
pois é Se nós es - ses gran - des ar - tis - tas des - sa
DM7/F♯ Em7(9) A7(13)
vi - da Os e - qui - li - bris - tas da
Bm7(9 11) Instrumental Am7(9)
fé...
Bm7(9 11) Am7(9)
Bm7(9 11) Am7(9)
Bm7(9 11) Am7(9)
Fade out

A vida do viajante

LUIZ GONZAGA
HERVÉ CORDOVIL

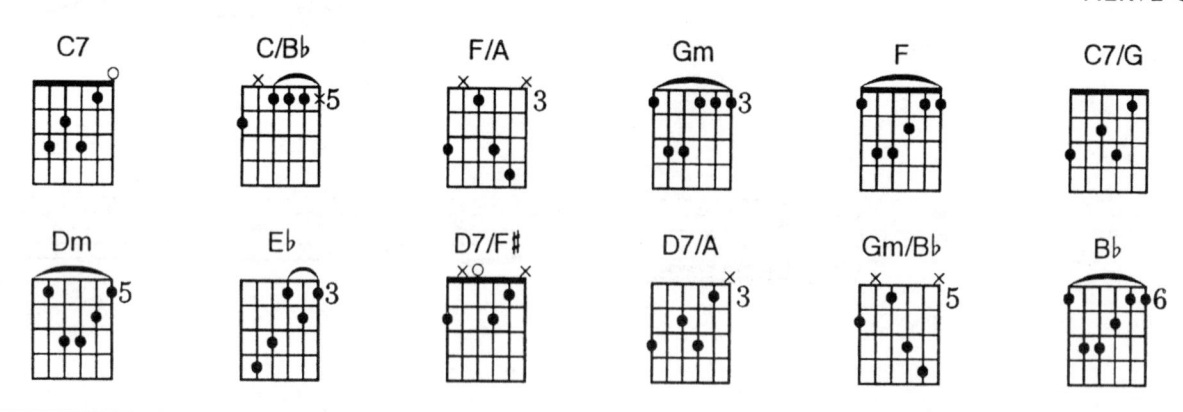

Introdução: C7 C/Bb F/A Gm C7 F C7 C/Bb
F/A Gm C7 F C7 F F/A C7/G F

F
Minha vida é andar por esse país
                   Dm   Eb

      F   C7/G
Pra ver se um di__a descanso feliz

    F   C7/G   F/A D7/F#
Guardando as recordações

   Gm   D7/A   Gm/Bb
Das terras onde passei

   C7   C/Bb   F/A
Andando pelos sertões

  Gm/Bb C7   F
E dos ami__gos que lá deixei

Dm   C7   Bb   F/A
Chuva e sol, poeira e carvão

Dm   C7   Bb   F/A
Longe de ca__sa sigo o rotei__ro

  C7/G   F   C7   F
Mais uma estação

  F/A   C7/G   F
E alegria no coração

Instrumental: C7 C/Bb F/A Gm C7 F C7 C/Bb
F/A Gm C7 F C7 F F/A C7/G F

Minha vida é andar por esse país *(etc.)*

Dm   C7   Bb   F/A
Mar e terra, inverno e verão

Dm   C7   Bb   F/A
Mostra o sorri__so mostra a alegria

      C7/G   F C7 F
Mas eu mesmo não

     F/A   C7/G   F
E a saudade no coração

Instrumental: C7 C/Bb F/A Gm C7 F C7 C/Bb
F/A Gm C7 F C7 F F/A C7/G F

Minha vida é andar por esse país *(etc.)*

Vocalize na harmonia do instrumental (fade out)

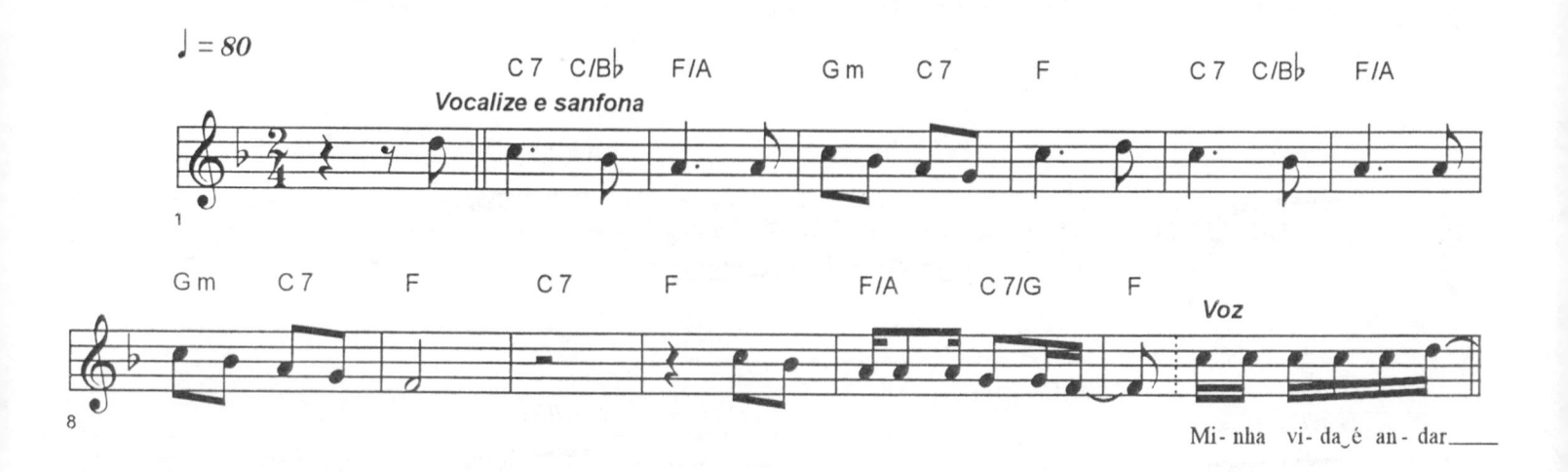

♩ = 80

Vocalize e sanfona

Voz

Mi- nha vi- da_é an- dar____

©Copyright 1953 by IRMÃOS VITALE S/A Ind. e Com. - São Paulo - Brasil.
Todos os direitos autorais reservados para todos os países. All rights reserved.

... por es-se pa-ís... Pra ver se um di-a des-can-so fe-liz Guar-dan-do_as re-cor-da-ções...
... Das ter-ras on-de pas-sei... An-dan-do pe-los ser-tões... E dos a-mi-gos que lá dei-xei...

Chu - va_e sol, po - ei - ra e car - vão Lon - ge de ca -
Mar e ter-ra_in - ver - no e ve - rão Mos - tra_o sor - ri -
Chu - va_e sol, po - ei - ra e car - vão Lon - ge de ca -

-sa si - go_o ro - tei - ro Mais u-ma_es - ta - ção... E_a le -
-so mos-tra_a_a-le - gri - a Mas eu mes-mo não... E_a sau -
-sa si - go_o ro - tei - ro Mais u-ma_es - ta - ção... E_a le -

-gri a no co - ra - ção...
-da-de no co - ra - ção...
-gri a no co - ra - ção...

Mi-nha vi-da_é an-dar...
Mi-nha vi-da_é an-dar...

Rep. ad libitum

Vocalize

Fade out

Deixa Dilson e vamos Nelson

GONZAGA JÚNIOR

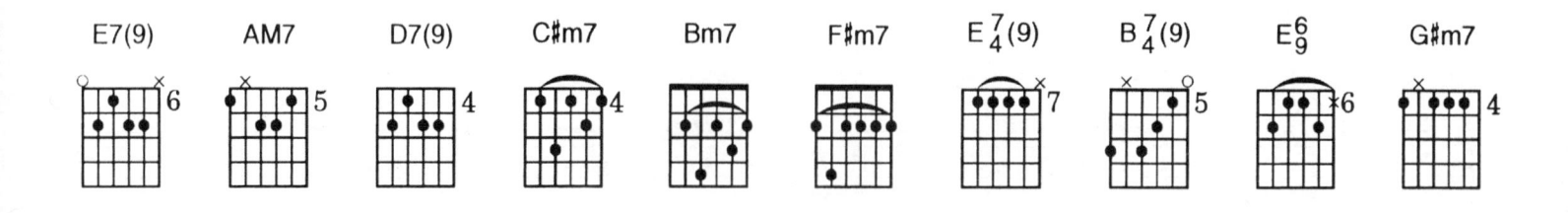

Introdução (4 vezes): **E7(9) AM7**
D7(9) C#m7

FALANDO:
Essa aqui vai pra você
que tá por aí
nos palcos dos bailes da vida
alegrando a moçada,
vivendo na estrada
ou seja: lama, suor, luzes,
sanduíche de mortadela
e guaraná. E tome música!

REFRÃO:
C#m7   E7(9)   AM7
Pra quem foi... foi bom demais!
               D7(9)   C#m7
Pra quem não foi... é ruim?!
        E7(9)   AM7
Pra quem está... ai que legal!
            D7(9)   C#m7
Pra quem não tá... é ruim?!
       Bm7   C#m7
Pra quem gozou... arrasou!
       F#m7   C#m7
Pra quem gorou... foi ruim
       Bm7   AM7
Pra quem é... tudo é com fé!
     F#m7   C#m7
Nada será pra quem não é
        Bm7   AM7
Pra quem é... tudo é com fé!
     F#m7   C#m7
Nada será pra quem não é

Instrumental (4 vezes): **E7(9) AM7**
D7(9) C#m7

FALANDO:
Mas tem o seguinte,
tem sempre um cara
com a mão no queixo
olhando de lado.
É aquele tipo de olhar
que parece que vai cair de quatro
na tua cabeça,
negócio de bruxa,
trai, seca a vida inteira.
Isso acontece, não liga não,
tome baile que é melhor.

Refrão

E7(4 9)   E7(9)   E7(9)   AM7
Por favor,   não se in__como__de
D7(9)   C#m7
Não abra a porta pra mim
Bm7   C#m7
Deixa que eu transo o caminho
         F#m7   B7(4 9) E69
Porque eu prefiro que seja as__sim
       Bm7   E7(9)   AM7
Eu já fui, tô lá, gozei
          D7(9)   C#m7
Tenho fé   tudo será
       Bm7   C#m7
Deixa Dilson, vamos Nel__son
       Bm7   C#m7
Sai de cima e deixa andar
     AM7   G#m7
Ti__re esta inveja do o__lho
     AM7   G#m7
Dei__xa a vida en__trar
       F#m7   E6 9
Dei__xa a alegria vi__ver
     Bm7   C#m7
Cal__ma que vai melho___rar

     F#m7   C#m7
Ti__re a ansiedade do pei__to
     Bm7   C#m7
Rela__xa e vamos go__zar

Instrumental (duas vezes): **E7(9) AM7**
D7(9) C#m7

FALANDO:
Mas todo cara traquejado,
malandro, ele tem sempre
uma receita pra isso, manja?
Mas daqui a pouco eu conto. Peraí!

Refrão

Instrumental (duas vezes): **E7(9) AM7**
D7(9) C#m7

FALANDO:
Pra acabar com esse tipo
de ansiedade, é só raspar
a virilha na quina da mesa!

Refrão (duas vezes)

Instrumental (duas vezes): **E7(9) AM7**
D7(9) C#m7

FALANDO:
Ou seja:
Parece que papagaio quando se
hospeda em casa de morcego,
tem que dormir de cabeça pra baixo.
De nossa parte, tome baile!

Pra quem é tudo é com fé...
(fade out)

Texto falado 1: Essa aqui vai pra você que tá por aí nos palcos dos bailes da vida alegrando a moçada, vivendo na estrada ou seja: lama, suor, luzes, sanduíche de mortadela e guaraná. E tome música!

Texto falado 2: Mas tem o seguinte, tem sempre um cara com a mão no queixo olhando de lado. É aquele tipo de olhar que parece que vai cair de quatro na tua cabeça, negócio de bruxa, trai, seca a vida inteira. Isso acontece, não liga não, tome baile que é melhor.

Texto falado 3: Mas todo cara traquejado, malandro, ele tem sempre uma receita pra isso, manja? Mas daqui a pouco eu conto. Peraí!

Texto falado 4: Pra acabar com esse tipo de ansiedade, é só raspar a virilha na quina da mesa!

Texto falado 5: Ou seja: parece que papagaio quando se hospeda em casa de morcego tem que dormir de cabeça pra baixo. De nossa parte, tome baile.

C♯m7 E7/4(9) E7(9) AM7 D7(9)
Por fa - vor não se in - co - mo - de Não a - bra a por - ta pra
C♯m7 Bm7 C♯m7 F♯m7 B7/4(9)
mim Dei - xa que eu tran - so o ca - mi - nho Por - que eu pre - fi - ro que se - ja as -
E6/9 Bm7 E7(9) AM7 D7(9)
-sim Eu já fui tô lá go - zei Te - nho fé tu - do se -
C♯m7 Bm7 C♯m7 Bm7
-rá Dei - xa Dil - son va - mos Nel - son Sai de ci - ma e dei - xa an - dar
C♯m7 AM7 G♯m7 AM7
Ti - re es - ta in - ve - ja do o - lho Dei - xa a vi - da en -
G♯m7 F♯m7 E6/9
-trar Dei - xa a - le - gri - a vi - ver Cal -
Bm7 C♯m7 F♯m7
-ma que vai me - lho - rar Ti - re an - sie - da - de do pei -
C♯m7 Bm7 C♯m7 C♯m7
-to Re - la - xa e va - mos go - zar
D.C.
duas vezes
(Intro 2X)